航天科技图书出版基金资助出版

企业内部供应链管理的方法与实践

袁 利 吴一帆 金剑桥 著

中国宇航出版社
·北京·

图书在版编目（CIP）数据
企业内部供应链管理的方法与实践 / 袁利，吴一帆，
金剑桥著. -- 北京 : 中国宇航出版社，2024. 10.
ISBN 978-7-5159-2417-5
Ⅰ. F272.3
中国国家版本馆CIP数据核字第2024MX9517号

责任编辑 臧程程　　**封面设计** 王晓武

出　版
发　行 中国宇航出版社

社　址 北京市阜成路 8 号　**邮　编** 100830
(010)68768548
网　址 www.caphbook.com
经　销 新华书店
发行部 (010)68767386　(010)68371900
(010)68767382　(010)88100613（传真）
零售店 读者服务部
(010)68371105
承　印 北京中科印刷有限公司

版　次 2024 年 10 月第 1 版
2024 年 10 月第 1 次印刷
规　格 787 × 1092
开　本 1/16
印　张 10.25
字　数 162 千字
书　号 ISBN 978-7-5159-2417-5
定　价 68.00 元

航天科技图书出版基金简介

航天科技图书出版基金是由中国航天科技集团公司于2007年设立的，旨在鼓励航天科技人员著书立说，不断积累和传承航天科技知识，为航天事业提供知识储备和技术支持，繁荣航天科技图书出版工作，促进航天事业又好又快地发展。基金资助项目由航天科技图书出版基金评审委员会审定，由中国宇航出版社出版。

申请出版基金资助的项目包括航天基础理论著作，航天工程技术著作，航天科技工具书，航天型号管理经验与管理思想集萃，世界航天各学科前沿技术发展译著以及有代表性的科研生产、经营管理译著，向社会公众普及航天知识、宣传航天文化的优秀读物等。出版基金每年评审2次，资助30～40项。

欢迎广大作者积极申请航天科技图书出版基金。可以登录中国航天科技国际交流中心网站，点击“通知公告”专栏查询详情并下载基金申请表；也可以通过电话、信函索取申报指南和基金申请表。

网址：http：//www.ccastic.spacechina.com

电话：(010) 68767205，68767805

前言

供应链概念起源于制造行业，随着社会生产力的不断进步，生产分工愈发专业化，企业间的关联协作愈发紧密，形成了早期供应链雏形。20 世纪 80 年代，迈克尔·波特首次提出了价值链的概念，供应链管理逐渐成为一种管理思想和方法。人们不断对供应链管理进行探索和研究，也赋予了供应链更多的内涵，供应链不仅是物流链、生产链，而且是企业的物流、信息流、资金流的有机融合。供应链作为一种战略管理，帮助企业完成资源整合、协同发展，提升核心竞争力，最终为客户创造更多价值。进入 21 世纪以来，中国迎来新的发展机遇和窗口，伴随新一代信息技术的推广普及，以及企业自身发展需求，众多企业迫切寻求实现更有效的供应链管理模式，以应对新时期的挑战和机遇。

本书以制造型企业的内部供应链管理为切入点，结合了航天企业管理实践，形成了一套完整、自洽的管理方法。按照清晰的逻辑线，描述了供应链的完整脉络，从计划、需求、制造、采购、库存、信息化、流程等方面，全面系统地介绍了行业内较为通用的供应链管理方法和案例，通过理论与实践相结合，让读者更好地理解和掌握供应链管理知识，希望能为众多处于转型期的同行企业，提供参考与借鉴。

第 1 章主要介绍了供应链的内涵，描述了航天企业供应链的一般性特点，以及企业实施供应链管理转型的原因和方法。

第 2 章介绍了计划管理，描述了供应链典型的三个层级计划，以及如何从全局、战略视角构建计划管理体系。

第 3 章介绍了需求管理，从预测和订单两个维度，描述了企业实施需求管理的重点、难点及主要做法。

第 4 章介绍了采购管理，描述了企业采购需求、计划、执行等方面的经验和方法。

第 5 章介绍了生产制造管理，描述了产品制造环境、制造流程，以及开展产能管理、生产活动控制的经验和方法。

第 6 章介绍了库存管理，描述了企业实施库存计划、库存策略、库存分析的经验和方法。

第 7 章介绍了数字化供应链，描述了企业供应链信息化发展历史、应用场景及关键技术。

第 8 章介绍了供应链流程管理，描述了企业如何构建端到端流程体系。

作者所在单位相关部门为本书提供了很多素材和实例。其中，刘雯参与撰写了第 7 章，孙强参与撰写了第 6 章。此外，中国宇航出版社也在本书撰写和出版过程中给予了大力支持。在此，对参与本书撰写及提供帮助的同志，一并表示感谢。

本书在撰写过程中力求做到逻辑严谨、内容全面、阐述清晰，但因航天企业供应链管理模式的应用实践是一项创新性和探索性的工作，本书中的内容难免有疏漏之处，恳请各界专家、学者和广大读者给予批评指正。

目　录

第1章　企业供应链基础

1.1　供应链的内涵

供应链概念起源于制造行业。对于一般制造型企业，核心目标是通过销售产品获取利润，进而增加研发投入，扩大生产规模，占领更多市场份额，实现企业的良性扩张，同时为社会创造更多价值。

供应链指产品从接到订单到交付用户的过程，包含了市场营销、物料采购、生产加工、物流分销等环节。“链”表明了在这一过程中，所有的相关企业、部门和活动是相互联通的，形成了一种网链结构。

供应链管理，就是利用科学方法对参与整个供应链的企业、部门间的物流、信息流、资金流进行计划和控制，最终完成产品生产交付，满足用户订单，提升企业运营能力。

1.1.1　供应链发展过程

20世纪，生产力发展推动了社会专业化分工，产品越来越复杂，专业性越来越高，很少有企业能独自运营从原料生产到销售交付的全部环节，更多的企业紧密合作，相互关联，形成了供应链的雏形。早期供应链更强调物流概念，包含物料的采购、生产、仓储、分销等，这些是空间上的活动行为，目标是实现整个生产交付过程的快速、顺畅流转。

1985年，迈克尔·波特提出了价值链概念，赋予了供应链更多内涵，供应链不仅是生产链，还是企业的增值链。企业应当识别出供应链中的“增值活动”，不断改进并扩大优势，获取更多价值。例如，苹果公司没有建立自己的产品生产线，而是专注于设计、集成、销售等环节，就是基于“增值链”的一种企业战略选择。

现阶段，越来越多的企业开始关注“集成供应链”的管理理念，供应链从一种管理工具，提升为企业的运营管理思维和模式。企业通过“集成”，将自身打造成一个有机整体，实现内部与外部供应网络集成，实现内部各部门、各职能集成，实现物流、信息流、资金流集成。这样可以快速整合资源，实现计划高效协同，降低生产运营成本，更好地适应市场竞争环境。

1.1.2　内部供应链

供应链有广义和狭义之分，可以理解为外部和内部之分。

广义供应链是一个大的网络结构，每个企业可以看成网络中的一个节点，图 1－1 展示的是经典的供应链参考运作模型（Supply Chain Operations Reference，SCOR）。

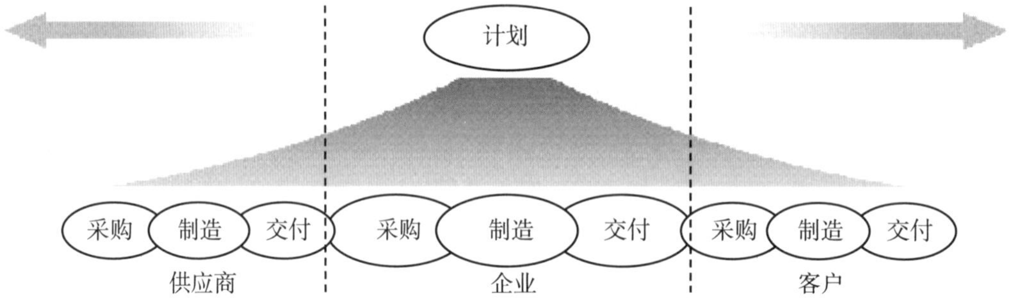

图 1－1　SCOR 运作模型

可以看出，企业处于“供需”链条中，既是上游供应商的客户，又是下游客户的供应商。

狭义供应链聚焦企业内部，一般制造企业内部会设置市场部门、销售部门、研发部门、计划管理部门、采购部门、生产部门、仓储物流部门等，每个部门都是一个节点，通过业务流程和计划串联在一起，形成内部供应链网络。

供应链管理包含以上两种情形，对外要管好供应商和客户，做好供应商管理、市场预测、销售服务等；对内要管好内部活动，优化流程和组织，合理配置资源。本书重点讲述企业内部供应链管理，对计划管理、需求管理、生产管理、采购管理、库存管理等内容进行逐一介绍，通过一些基础概念和实践案例，帮助读者了解和掌握供应链管理的相关知识。

1.2　航天企业供应链

1.2.1　供应链特点

由于笔者长期从事航天企业管理，在这一领域有一些经验，因此在本书中会结合行业背景，对航天企业的供应链进行一定程度的剖析解读，也希望能为同行业提供一定的借鉴。

航天企业也是制造企业，但与传统制造企业相比，承担着不一样的任务使命。传统制造企业的核心目标是实现盈利，首先要考虑如何在市场竞争中生存下来；航天企业的核心目标是完成国家任务，为达成目标往往不惜成本。两者的核心价值不同，市场环境不同，经营上也必然存在差异。航天企业一般具有高技术、高投入、高风险三个特点：

航天技术代表了国家的尖端技术水平，涉及数学、物理、化学、材料、电子等多学科领域，产品复杂度、集成度高，航天企业需要具备大量的顶尖技术人员和研发设备。

航天项目的研发和生产，需要完成大量技术开发和试验验证，并且航天项目研制周期长、任务风险高，需要企业具备足够的资金投入与支持。

航天项目是极其复杂的系统工程，涉及不确定因素众多，包括关键技术攻关、未知太空环境、大系统协同、质量风险等，一个小小失误都可能导致整个项目失败，带来巨大的经济成本损失。

正是由于上述特点，航天企业的供应链与传统企业存在差异，它是一个复杂且高度集成的系统，需要确保航天器、运载器等关键产品的可靠供应。整个航天项目，通常涉及大量部组件级企业和少量系统级企业，由系统级企业完成航天器、运载器最终产品的研制、交付工作。同时，每个航天企业的供应链也涉及多个阶段，包括原材料采购、生产制造、集成测试、发射运营以及售后服务等。

一般情况下，部组件级企业完成绝大部分原材料采购和生产制造，将部组件产品交付系统级企业，系统级企业更专注于集成测试、发射运营和售后服务（见图 1 - 2）。

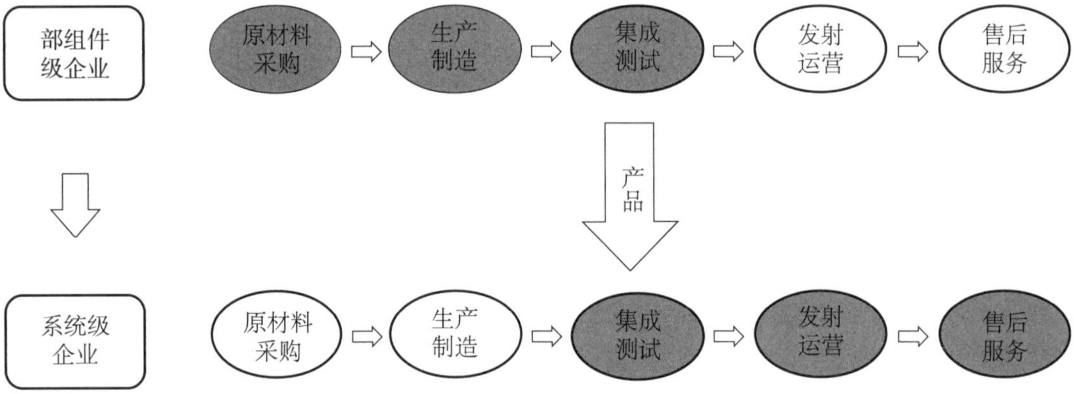

图 1 - 2　航天企业供应链模型

原材料采购：航天企业需要采购高质量的原材料，如电子元器件、稀有金属等，用于生产各种关键零组件，这些原材料由全球各地供应商提供，企业需要与之建立稳定的供应渠道，并实施严格的质量控制。

生产制造：原材料经过加工制造，转化为航天器、运载器等产品的零组件和系统。生产过程涉及机械加工、焊接、装配等多个环节，一些工序需要高精度制造工艺及严格质量控制。

集成测试：航天项目是系统工程，各产品生产完成后，需要进行大系统集成测试，确保各部件能够协同工作。同时，测试过程还要经历多种复杂力、热、电磁等工况的试验验证，以保证产品可靠性。

发射运营：发射运营是航天项目特有工作，航天器、运载器等产品要运至发射场，与发射服务提供商进行紧密配合，并进行严格的发射前准备和测试工作，以保证通信、遥控等功能正常。

售后服务：在航天器入轨后，航天企业需要提供持续的售后服务和技术支持，包括故障诊断、在轨维护、系统升级等操作，保证产品能够稳定运行，满足客户需求。

1.2.2　供应链管理难点

航天企业供应链模型涉及众多环节和企业，需要与不同的供应商和用户建立紧密合作关系，以确保供应链的稳定性、可靠性和高效性。此外，供应链还需要应对一些特殊挑战，例如产品严苛的质量、进度要求。这些差异主要体现在三个方面：

订单方面：传统企业可以根据市场环境和利润，选择研发高附加值产品，承接高利润订单。航天企业承担国家任务，肩负重要使命，需要根据上级用户的需求开展研制工作，存在大量定制化产品。

进度方面：传统企业如果不能按时交付，可以有选择推迟或放弃一部分订单，承担经济赔偿。航天企业的订单存在后墙节点，既不能推迟，也不能放弃，进度上往往没有太多协商空间。

成本方面：传统企业可以在成本、质量之间寻求最佳平衡，实现利润的最大化。航天企业往往质量第一，为保质量甚至不惜成本。

基于上述差异，航天企业在供应链管理上存在很多难点。例如，为保证技术指标，再难买的物料也需要采购，增加了产品研制的周期、成本和风险；为保证产品可靠，常采用冗余设计，工艺更复杂，可制造性更低，拖慢了生产节奏；为满足任务需求，产品定制化多，通用性低，很难打造生产流水线，增加了生产成本。

所以在供应链管理上，航天企业会根据自己的目标导向，来设置组织架构、业务流程、管理模式。相比传统企业，航天企业的供应链有四个突出挑战：

（1）信息不透明

供应链中的信息流存在堵点和断点，各个环节之间缺乏透明度。企业各层级的管理人员，都难以准确掌握供应链的真实数据，例如产品库存、生产进度、物流信息等，从而无法做出有效决策。

（2）缺乏灵活性

供应链管理模式相对固定，对市场订单、产品技术状态、库存、生产线等方面的变更情况，不能及时获取相关信息，并做出响应。一旦任务需求或产品状态等发生变化，无法快速调整采购和生产计划，缺乏弹性。

（3）运营成本高

供应链中的信息不透明和缺乏灵活性，容易产生库存呆滞、过量生产、物流延误、交付违约等情况，导致企业运营成本增加。

（4）风险管控难

上述原因增加了对风险的管理难度，包括采购风险、生产风险、物流风险，甚至是资金风险。一旦出现问题，会对企业的正常运营造成严重影响。

1.2.3 供应链面临的挑战

当前航天企业面临的内外部环境都已经发生巨大变化。

（1）从外部环境看

近些年国家不断调整航天项目的承接模式，在原来政策下，航天任务大多采用定向分配的方式，在立项阶段就已经明确指定了项目承接企业，现在越来越多的任务采取竞标采购方式，对企业的技术能力、供货能力、进度质量保障能力提出了更高要求，倒逼航天企业提升供应能力。

在商业航天领域，随着全球航天技术的不断进步和市场需求的日益增长，商业航天得到快速发展。随着新材料、新工艺、新技术的不断涌现，商业航天企业能够制造出更加先进、可靠的航天器和运载器。在技术方面，商业航天的技术创新迭代速度快，面向市场不断推出新产品和新服务；在模式方面，商业航天偏重市场化竞争，模式变革阻力相对较小，更容易实现适合的运作模式；在人才竞争方面，商业航天往往具备更强的人才吸引力。这对于传统航天企业来说，已经成为现实的挑战。

当前，一些商业航天公司已研制出可重复使用火箭技术，大幅降低了发射成本。国家也出台了鼓励商业航天发展的相关政策，在税收等方面给予优惠，为商业航天发展创造了良好的外部环境。可以预见，未来商业航天领域将会拥有巨大的发展潜力和市场前景，并不断向传统宇航市场延伸。

（2）从内部环境看

航天企业面临的成本压力越来越大，航天企业传统的科研生产管理模式更偏向于单一任务的项目制管理，而不是适应规模化生产的供应链管理。航天项目的研制过程周期长，为了保证质量、进度往往不计代价，这种研制方式极大地占用了企业资金。

随着任务量不断增长，用户要求越来越高，航天企业承接的任务越多，压力就越大。

1.3　供应链的构建目标与方法

1.3.1　管理目标

航天企业面临的诸多问题，不是简单进行局部优化就能够解决的，而是需要进行系统性改变，重新构建更适合企业未来发展的集成化供应链，实现数字化、可见性、敏捷性、风险可控的供应链系统，更好地满足客户需求，提高效率、降低成本、防范风险。

（1）数字化

供应链采用数字化、智能化等技术，如物联网（IoT）、大数据分析、机器学习等，帮助供应链实现实时数据追踪、预测分析、自主决策等，从而大幅提升运作效率和响应速度。

（2）可见性

供应链实现端到端的可见性，从原材料采购到最终交付用户之间的每一个环节，都可以实时监控和追踪。减小信息的不透明性，提高决策的准确性和及时性。

（3）敏捷性

供应链能够快速适应市场变化和客户需求。例如，在 ERP 等系统的帮助下，可以更加灵活地调整各级计划，改变采购和生产节奏，加快库存周转速度，满足用户需求。

（4）风险可控

供应链具备更强的风险管理能力。通过建立完善的风险管理机制，利用可视化的生产数据和先进的风险评估工具，可以更好地识别、评估、监控和应对各类风险。

1.3.2　战略制定

重构供应链首先要明确企业战略，把战略作为锚，让企业在进行模式变革过程中，始终不偏离企业航线。

业内常说华为的战略模式是技工贸，联想的战略模式是贸工技。华为供应链流程体系，会更多考虑与研发技术的衔接，联想会更多考虑供应链的全球化物流管理。不同的企业战略目标，会影响供应链流程体系的构建，以及未来企业的资源投入和配置。

战略规划可以分为三个层级：企业战略、事业部战略、职能战略，分别对应不同的决策机制和响应模式。

（1）企业战略

企业战略，就是企业根据市场环境变化，以及本身资源和实力选择适合的经营领域和产品，形成自己的核心竞争力，并通过差异化在竞争中取胜。简单来说，企业战略就是企业决定做什么、不做什么、怎么做。

企业战略决定了流程体系的顶层架构设计。例如，如果企业决定开展产品出口业务，那么相应地，就需要补充供应链的国际物流管理板块。这种企业的战略决策，直接决定了供应链变革的方向与路径。

①战略决策

战略决策的目的，是提前进行战略规划。是全面进入还是部分进入，主攻方向是什么，对于市场份额、利润以及影响的预期是多少，企业准备投入的资金量是多少，这些都需要提前规划明确。

企业级的战略决策，可以分为成长型、稳定型、紧缩型、混合型。一般情况下，企业要发展壮大，都会选择成长型战略，只有在市场经济前景不好的情况下，才会选择后几种。

成长型战略又分为以下几种：

1）密集型战略，企业充分利用现有产品或服务的潜力，强化现有产品或服务的竞争地位。

2）一体化战略，企业对具有优势和增长潜力的产品或业务，沿其经营链条的纵向或横向扩大业务的深度和广度，扩大经营规模，实现企业增长。

3）多元化战略，企业在现有业务领域基础上，进入新的领域。

例如，某企业如果选择投入资源，用于研发技术和升级产品，巩固并拓展现有市场份额，属于密集型战略；如果选择收购产品上下游企业，实现稳定的供应能力，或是实现产品出口拓展国际市场，属于一体化战略。

②决策工具

一般来说，利润高、竞争不激烈的行业最具吸引力，也就是通常说的蓝海。但是蓝海不会经常出现，也不容易发现，这需要企业管理层具备战略眼光。在大多数情况下，需要通过行业吸引力分析进行决策。

1）PESTEL分析。PESTEL是分析宏观环境的工具，分别代表了政治因素（Political）、经济因素（Economic）、社会因素（Sociocultural）、技术因素（Technological）、环境因素（Environmental）和法律因素（Legal）。

一般来说，PESTEL分析国家层面的因素，判断企业在当前社会环境下，面临哪些机遇和挑战。

2）行业吸引力分析。行业吸引力分析，是为了判断产品在行业中的状况，取决于企业竞争力和市场吸引力两个因素（见图1－3）。

按照模型把行业分为四个象限。企业竞争力强、市场吸引力高是最理想的行业，企业可以采取成长型战略。企业竞争力弱、市场吸引力低的行业，可以考虑紧缩型战略。其余两种处于中间状态，可以考虑稳定型战略。

判断企业竞争力，可以用到SWOT、五力模型、VRIN等工具，在下面的事业部战略中会有详细介绍。判断市场吸引力，一般要从行业规模、市场潜力、价格利润、社会政策等方面综合考量。

（2）事业部战略

如果说企业战略是定领域、定方向，那么接下来的事业部战略，就是定策

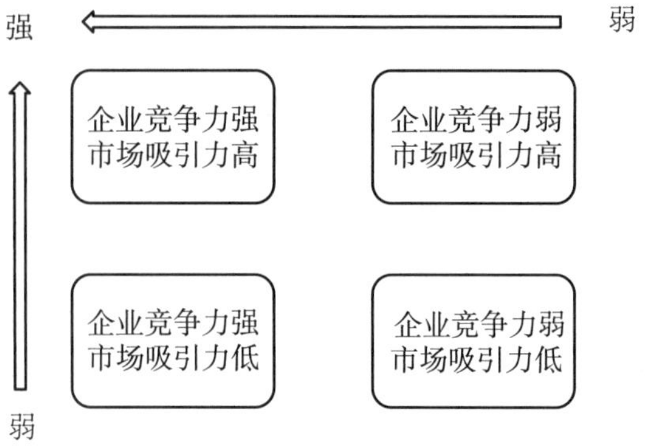

图 1-3　行业吸引力分析矩阵图

略、定方法，考虑如何为客户创造价值、对付竞争对手、提高竞争力。

事业部战略决定了供应链流程的设计思路和方向。例如，如果企业采取低成本战略，供应链在流程设计上，就应该更偏重规模化的生产管理方式，那么就要相应设计市场与运营计划流程、主生产计划流程、物料需求计划流程等。

①战略决策

事业部级的战略决策，最为常见的是低成本战略和差异化战略。

1）低成本战略，也称为成本领先战略。企业实施低成本战略，是要通过有效方式降低企业的经营成本，使得单位产品的成本低于竞争对手，从而具备更多的价格调整空间，进而获得竞争优势。

低成本不代表低价格，低成本战略也不等同于价格战。采取低成本战略的企业，大多都会推行精细管理，消除浪费，节约成本。

2）差异化战略，也称为特色优势战略。企业实施差异化战略，要能够满足客户的特定需求，在行业内具有一定的代表性或不可替代性。

企业采取差异化战略，在具体实施过程中，可以在产品、服务、形象、经营模式等方面，强化自身特点和优势。

②决策工具

企业进入一个新的市场领域，事业部要分析市场环境和主要竞争对手，根据自身能力制定竞争策略，获得可持续的竞争优势。

1）SWOT 分析。SWOT 是常见的一种分析方法，分别代表了优势（Strength）、劣势（Weakness）、机会（Opportunity）和威胁（Threat）（见图

1－4)。这种方法主要针对企业内部，根据自身条件对自身能力进行分析判断。

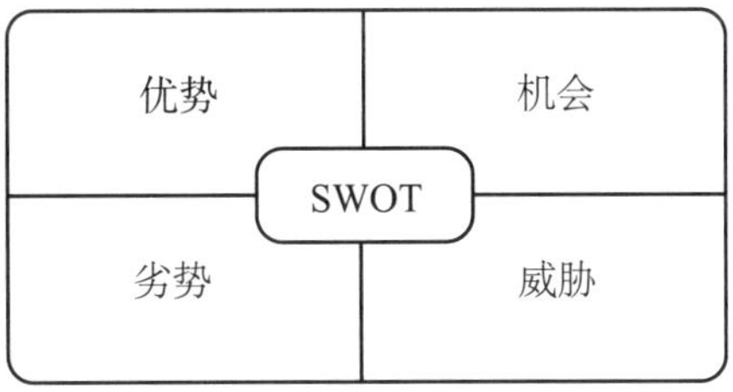

图 1－4　SWOT 分析

例如，如果企业识别自身的优势在于创新能力和研发团队，批量生产能力和成本管控能力相对劣势，那么可以选择差异化战略，突出产品的高性能，满足高端市场需求。

2）五力模型。五力模型（Five Forces Framework）是由迈克尔·波特在 20 世纪 80 年代提出的，一般用于分析行业的竞争态势，包含了同业竞争力、供应商议价能力、客户议价能力、替代产品的威胁、新进入者的威胁。

这种方法针对外部环境，在实际运用时，想要准确分析"五力"是很困难的，需要对整个行业的情况非常了解。该模型最主要的功能，是为企业提供决策的思路和建议。

3）VRIN 测试。VRIN 测试是对企业资源和能力的分析，分别代表了价值（Valuable）、稀有度（Rare）、可模仿性（Inimitable）、不可替代性（Nonsubstitutble）。

这种方法也是针对企业内部，主要用来评估内部资源，判断企业是否具备可持续的竞争力。

（3）职能战略

当事业部战略确定后，就进入职能战略，涉及研发、销售、人事、生产、采购等活动，要考虑业务如何执行，具体如何操作，实现与上两层战略的有效协同。所以，企业只有具备了切实可行的职能战略，企业战略和事业部战略才有实际操作的价值和空间，才可以保证战略的真正落地执行。

职能战略决定了供应链流程的具体设计内容。例如，在采购环节，考虑如何设计框架合作协议管理流程，缩短谈价周期。在生产环节，需考虑如何设计产能计划管理流程，量化产能数据，提高车间负载率。

企业的职能战略，可以分为市场营销战略、财务战略、研究与开发战略、人力资源战略、生产作业战略等。从供应链角度，本书重点介绍生产作业战略。

生产作业战略对制造型企业尤为重要，起到承上启下的作用，向上要贯彻和遵循企业战略和事业部战略，向下要推动生产系统的具体实施，以满足运营目标。在战略制定过程中，要考虑的内容主要有：

（1）产品选择

结合市场目标和需求，选择生产什么产品。

（2）计划模式

明确具体的生产资源和生产计划的管理模式。

（3）产能计划

结合产品和市场预期，量化评估生产能力的需求时间和数量。

（4）生产线布局

结合产能计划，确定工厂规模、厂址，采用什么样的生产布局和自动化设备。

（5）采购外协

结合产能计划，确定自制与外协比例、采购策略、供应商需求。

（6）人力资源

结合产能计划，考虑需要补充的操作人员数量和技能需求。

（7）质量控制

结合市场需求，明确产品的质量控制等级、监督机制。

（8）岗位职能

结合管理模式，设置生产和管理岗位的职能。

1.3.3　宇航集成供应链

在明确了企业的整体战略后，就可以依据目标开展具体的供应链管理变革。笔者所在的航天企业借鉴了集成供应链（Integrated Supply Chain，ISC）

的管理理念，形成了具有企业特征的供应链管理模式，可以称之为宇航集成供应链（Space - Integrated Supply Chain，Space - ISC）。

该供应链其核心在于将多个供应链环节，如采购、生产、物流、销售、客户服务等整合为一个整体，实施协同化管理，旨在提高效率、降低成本、提高客户满意度、增强企业竞争力。与传统的供应链管理相比，该供应链更注重信息集成，实现信息数据的整合、共享、分析与传递。利用信息化技术及工具，如企业资源管理系统、物流信息管理系统等，实现全流程信息共享，提高供应链可见性，帮助实施资源配置，加快响应市场变化。

当然，宇航集成供应链是企业在模式变革过程中秉承的一种理念方法，实际在进行模式转变的过程中，还是以业务变革为基础，本书介绍的计划、需求、采购、生产、库存等内容，涵盖了供应链管理各业务领域，在此不过多赘述，这里仅提出三个要点：

1）理论基础。供应链管理经过长时间发展，已经形成了很多成熟理论，例如“制造计划与控制体系”就是一种先进的管理理念，企业采纳成熟的管理方法进行指引，能够更好地建立起合适的生产模式。

2）工具支撑。企业运用好信息技术，管理效率比传统人工方式提升不止一个数量级。在现代供应链管理中提出的一些方法，往往需要借助信息化工具来实现，例如制造企业最广为流传的 ERP 系统，就是公认的优秀系统工具。

3）结合实际。每个航天企业都存在一些自身业务和产品特点，这些都会对供应链产生影响。例如，项目立项阶段的方案论证，系统集成阶段的测试试验，产品生产阶段的特殊质量要求等，所以供应链管理一定要结合企业实际情况，进行本地化调整。

对于任何一家企业，模式变革都是一个长期艰巨的任务，没有一蹴而就的，都是在过程中不断调整优化。归纳一下，供应链构建可以按照以下步骤实施：明确建立目标、分析市场竞争环境、制定计划、加强信息技术应用、优化组织结构、强化供应商合作、持续改进评估。通过不断优化、改进业务管理模式，最终达成企业战略目标。

第 2 章　计划管理

如果从整个链条来看，供应链的主要活动包含了需求管理、供应商与采购管理、生产制造管理、库存与物流管理等。计划管理并不能作为一个独立的环节，而是嵌入每一项活动中，例如企业有需求计划、采购计划、生产计划、库存计划等。

本书把计划管理作为一个独立的章，主要出于两点考虑。

一是，计划管理是供应链管理的核心，所有活动都是通过计划串联在一起的，企业要想管好供应链，首先要管好计划，这样才能控制生产交付节奏，保持低水位库存，让企业资金快速流转起来。

二是，企业要从全局、战略视角看待计划，把计划当成体系去设计和管理，单独说每个活动、每个层级的计划，难以体现计划间的关联性。各层级的计划要服从同一个指挥棒，生产计划做得再好，需求计划、采购计划跟不上，一样交不出产品。

2.1　计划管理的核心

企业在管理计划前，要明白管理的核心是什么，怎么围绕核心构建合适的计划管理体系。

供应链管理的核心是计划，计划管理的核心是集成，再具体一点，就是信息的集成。计划管理的重点，是实现各类信息的收集汇总、分析处理、准确传递。

信息集成的重要性不难理解，问题的关键在于如何实现。开会是一种常见方式，在会议过程中沟通信息、制定计划、协调资源。试想一个会议场景，一个人想获得所需信息，要现场询问参会人员，如果对信息准确性存疑，还要再花时间进行询问。通常情况，会议由少数人发言，大部分人只能被动接收信息。

从管理效率来看，这种沟通方式成本太高。有效的信息交互方式，应该做到以下几个方面：

1）畅通性：保持各层级信息渠道畅通，从需求端到供应端，各环节信息可以快速传递。

2）便利性：能够方便获取所需信息，不需要频繁的电话、会议、邮件等。

3）准确性：信息来源可靠，准确度高，不需要进行反复校验。

4）全面性：能够全面获取各类信息，掌握相关业务活动的状况，支撑决策。

想同时做到以上四点，可以从以下两个方面入手。

一是，设计适合企业自身的计划管理体系，从机制和流程上进行规范和约束，从而保证信息流的全面畅通和精准传递。

二是，建立信息化的企业管理模式，以数据驱动业务，建立企业级数据资产，借助信息系统提升管理效率。

本章重点介绍如何构建计划管理体系。关于第二个方面，重点在于如何构建信息系统、应用信息技术、使用数据资产，这些将在第 7 章数字化赋能中详细介绍。

2.2　计划体系

2.2.1　MPC 计划管理

制造计划与控制（Manufacturing Planning and Control，MPC）是经典的供应链管理理论，有一套非常成熟的计划管理方法。企业可以通过学习应用 MPC 系统，了解并掌握各层级计划的逻辑关系，设计出适合自身业务模式的计划体系。

大多数企业在实施 MPC 系统时，都会把它与企业资源计划（Enterprise Resource Plan，ERP）进行结合，也就是将这套管理方式与信息化系统相融合。如果企业没有部署 ERP 系统，在计划实施过程中，会缺少计算机辅助支持功能。但这并不影响整个计划体系的建立，企业依然可以借鉴 MPC 系统。通用的 MPC 系统模型如图 2－1 所示[1]。

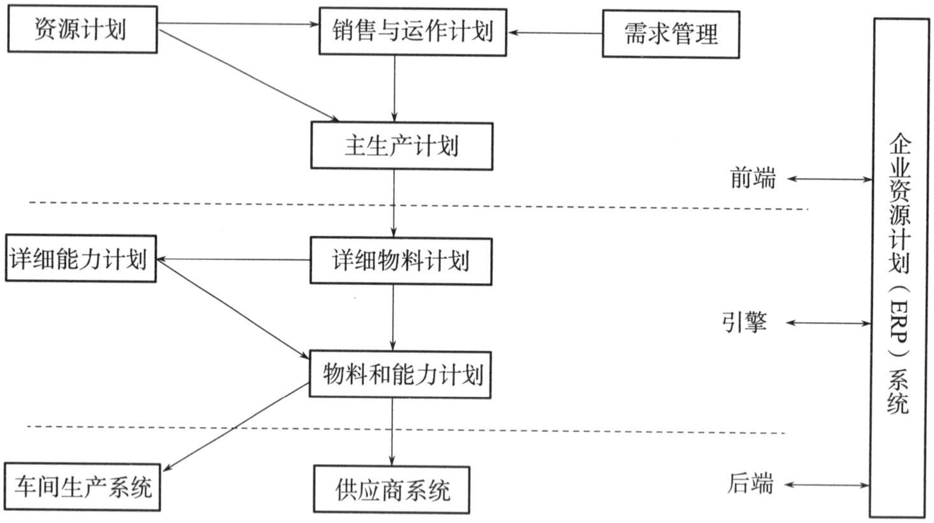

图 2－1　MPC 系统简图

MPC 系统的目标，是有效管理生产资源，合理使用供应商和企业内部能力，满足客户订单需求，整个系统通过计划实现串联。从图 2－1 可以看出，供应链活动被分成了前端、引擎、后端三个部分。

（1）前端

前端可以看成需求管理系统，主要活动包含了预测管理、订单管理等，这一环节决定了企业的长期计划：销售与运作计划（Sales and Operations Planing，S&OP）、主生产计划（Master Production Schedule，MPS）。

1）销售与运作计划。S&OP 是一种预测计划，它给出了某个产品族的预测需求量和时间，覆盖范围一般为 1～3 年，颗粒度到月，见表 2－1。

表 2－1　S&OP

产品族	今年				明年	后年
	1 月	2 月	3 月	12 月	…	…
产品 A	30 台	30 台	30 台	30 台	150 台	200 台
产品 B	25 台	25 台	25 台	25 台	120 台	150 台

2）主生产计划。MPS 是一种排产计划，它给出了某个产品的排产数量和时间，覆盖范围一般为 3～18 个月，颗粒度到周，见表 2 - 2。

表 2 - 2　MPS

产品	今年							
	1 周	2 周	3 周	4 周	5 周	6 周	7 周	…
产品 A_子型 1	5 台	5 台	5 台	5 台	5 台	5 台	5 台	…
产品 A_子型 2	3 台	3 台	3 台	3 台	3 台	3 台	3 台	…

有一点需要注意，企业的计划管理要结合自身产品特点，灵活使用。例如，S&OP 的对象一般是产品族，有些企业直接对产品进行预测。MPS 的对象一般是 SKU 级别的产品，有些企业只做半成品的 MPS，这些都是可行的。

（2）引擎

引擎可以看成计划分解系统，主要活动是物料计划管理，根据上一级的主生产计划，分解出详细的物料采购计划和生产计划，这一环节决定了企业的中期计划——物料资源计划（MRP）。

MRP 是对 MPS 的分解，得到产品所需全部物料的采购计划和生产计划，它给出了每一个物料的具体的需求数量和时间，覆盖范围一般为 1～4 周，颗粒度到天，见表 2 - 3。

表 2 - 3　MRP

物料	1 月					2 月		
	1 日	7 日	14 日	21 日	28 日	5 日	12 日	…
零件 1	20	20	20	20	20	20	20	…
铝棒	6	6	6	6	6	6	6	…

（3）后端

后端可以看成计划执行系统，主要活动是采购与生产管理，根据上一级的采购与生产计划，安排供应商采购执行和车间生产执行，这一环节决定了企业的短期计划——生产排程计划。

生产排程计划属于生产活动控制（PAC）的管理范畴，本书第 5 章会进行详细介绍，它给出了具体到某一个物料工序的生产数量和时间，覆盖范围一般为1～7天，颗粒度到小时，见表2-4。

表2-4 PAC计划

铝棒					
工序	第1周				
	第1天	第2天	第3天	第4天	第5天
清洗	9:00—10:00				
切割	10:00—17:00	9:00—17:00			
打磨			9:00—12:00		
热处理			12:00—17:00		
检验				9:00—12:00	

可以看出，MPC将长期计划、中期计划和短期计划都纳入系统中，企业根据长期计划分解中期计划，再根据中期计划分解短期计划，上层计划发生改变，下层计划做出调整，形成自上而下、层层关联的计划管理模式。

2.2.2 调度计划管理

相比于MPC计划，很多航天企业更熟悉调度计划管理模式，企业通常会在各部门、车间设置调度岗位，负责制定、落实和追踪计划，调度作为计划管理的关键岗位，负责供应链信息的传递流转，串联供应链相关活动，从而保障产品的顺利交付。

笔者认为，调度计划至少在航天企业内，是一种成功和常见的管理方式，能够很好地管控住单一项目或产品的研制生产任务。企业是否要改变计划管理模式，并没有绝对的标准或要求，而是取决于自身面临的环境。一般而言，MPC模式更能发挥规模效益，适合大批量制造型企业，而调度模式更偏向于项目制管理，适合小批量定制开发企业。

调度体系本章不做过多赘述，下面重点介绍MPC模式的三个层级计划。

2.3　销售与运作计划

2.3.1　定位

销售与运作计划（S&OP）是企业供应链的顶层计划，也是企业领导层与供应链管理部门、市场和销售部门、研制部门的沟通渠道，用来保障企业战略目标的准确传递，保证各部门在行动上与总目标保持一致。通过 S&OP，企业要对资源进行整合，尽可能实现供需平衡。

S&OP 有两个主要活动：销售计划、运作计划。

（1）销售计划

主要用于企业的预测需求管理，是对未来一段时期内的需求任务、市场情况的整体预测，给出产品族的需求。同时，销售计划也可以面向客户直接具体的项目、产品需求。

（2）运作计划

主要评估企业资源的匹配情况，综合考虑产能、物料、财务、库存等一系列约束条件，评估出企业未来的资源缺口，制定供应链能力提升计划。

2.3.2　运作模式

MPC 系统为企业提供了开展 S&OP 的通用过程，一共可以分为五个步骤[1]：

（1）运行销售预测报告

通常情况下，S&OP 由需求计划员负责组织，首先要更新数据，形成预测报告。需求计划员要与市场、销售及相关人员沟通，收集销售、生产、库存等方面的信息，作为后续制定和调整预测计划的依据。

（2）需求计划阶段

市场和销售部门是这一阶段的重要参与者，对上一环节中收集的最新数据进行评估，结合市场变化，提供未来一段时期的产品预测。

（3）供应计划阶段

这一阶段的重点是进行产能评估，根据产品预测计划，评估生产能力与未来需求的匹配情况。产能负载过高或过低，都说明产能和需求的匹配性低，需要考虑调整相应的运作计划。

（4）S&OP 预备会议

这是正式会议前的沟通协调会，达成初步的供需平衡，尝试解决分析，对于无法形成一致意见的问题，要给出备选方案或建议，供领导层决策。

（5）S&OP 正式会议

S&OP 正式会议是企业供应链管理的顶层会议，一般每月召开一次，供应链、市场、销售、生产等部门的高管参加。会议要对企业未来一段时间的预测产品计划，以及产能运作计划进行讨论和决策，解决问题并消除分析。

2.3.3 实践案例

某企业采用了 S&OP 的方式开展预测活动，具体工作模式如下：

（1）工作日历

S&OP 工作日历，见表 2-5。

表 2-5 S&OP 工作日历

时间	星期一	星期二	星期三	星期四	星期五
第一周	收集预测信息				
第二周	整理汇总	反馈供应计划			
第三周	召开 S&OP 预备会议	完成供需协商	召开 S&OP 正式会议	下达预测订单	
第四周			下达主生产计划		

（2）工作流程

S&OP 流程，如图 2-2 所示。

（3）活动分解说明

S&OP 活动说明，见表 2-6。

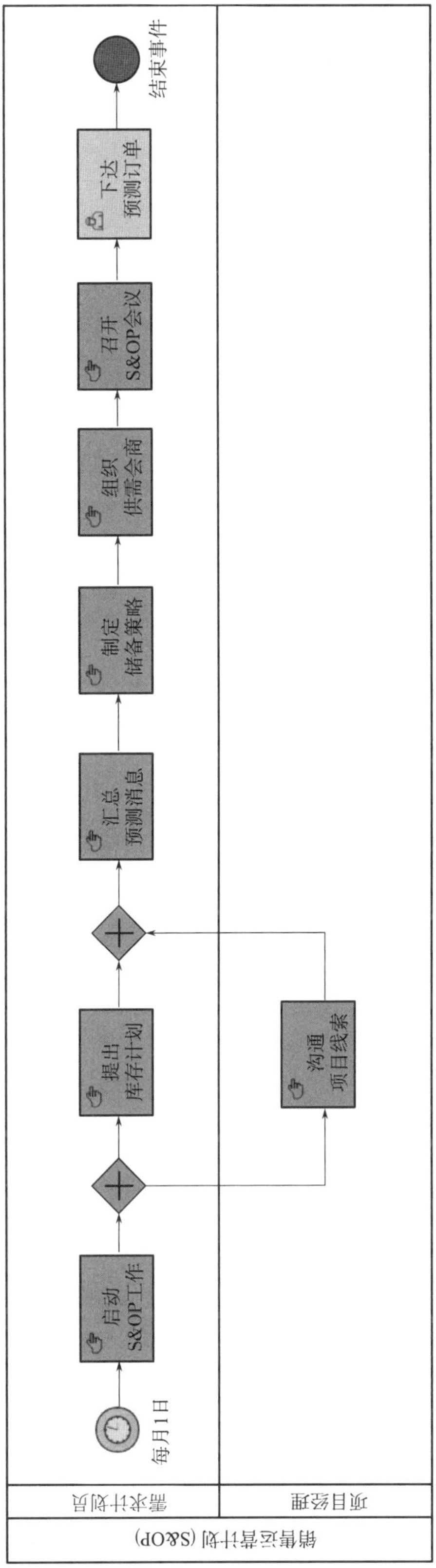
销售运营计划(S&OP)
需求计划员
项目经理
每月1日
启动 S&OP工作
提出 库存计划
沟通 项目线索
汇总 预测消息
制定 储备策略
组织 供需会商
召开 S&OP会议
下达 预测订单
结束事件

图 2-2　S&OP 流程

表 2－6 S&OP 活动说明

工作项目	工作说明	输出物	责任人
启动 S&OP 工作	发布通知，通知各级人员启动需求预测工作	—	需求计划员
沟通项目线索	与客户沟通线索，获取必要的任务信息	—	项目经理
提出库存计划	与研制中心沟通，从供应端提出库存计划	库存计划统计表	需求计划员
汇总预测信息	汇总整理各方信息，整理预测需求，计算产品预测概率	需求统计汇总表	需求计划员
制定储备策略	根据产品预测概率确定储备策略	—	需求计划员
组织供需会商	组织相关人员召开供需会商会议，对本期需求与供应情况进行协商，形成供需会商结论提交 S&OP 会议	供需会商会议纪要	需求计划员
召开 S&OP 会议	介绍供需会商情况，重点决策未达成一致情况	会议纪要	需求计划员
下达预测订单	根据会议结论，下达预测产品订单	预测订单	需求计划员

（4）S&OP 实施关键点

通过设置项目的时区和决策点，可以更好地开展预测管理活动。以投入的资源和工作阶段作为划分依据，将预测项目分为生产区、采购区、设计区、自由区，各区交界点为决策点。

1）生产区：指产品进入生产加工的时间段，需求计划变动的代价高昂，可能会产生成品的呆滞与浪费。

2）采购区：指产品进入物料采购的时间段，需求计划变动的代价较高，可能会产生物料级的呆滞与浪费。

3）设计区：指产品进入设计的时间段，需求计划变动时，可能会产生人力资源的浪费。

4）自由区：指产品尚未启动的时间段，需求计划可以自由变动，基本不会造成资源浪费（见图 2－3）。

5）决策点：当时间从前一个时区进入下一个时区时，投入的资源会增加，需要对是否投入相应的资源做出决策，两个时区的交界点即决策点。

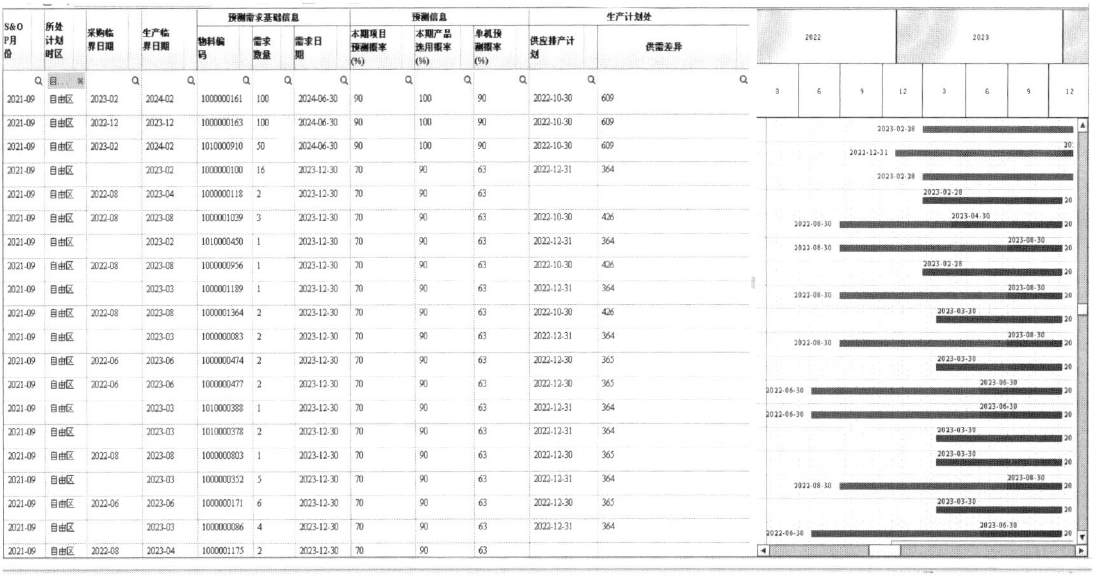

S&OP月份	所处计划时区	采购临界日期	生产临界日期	预测需求基础信息：物料编码	预测需求基础信息：需求数量	预测需求基础信息：需求日期	预测信息：本期项目预测概率(%)	预测信息：本期产品选用概率(%)	预测信息：单机预测概率(%)	生产计划处：供应排产计划	生产计划处：供需差异
2021-09	自由区	2023-02	2024-02	1000000161	100	2024-06-30	90	100	90	2022-10-30	609
2021-09	自由区	2022-12	2023-12	1000000163	100	2024-06-30	90	100	90	2022-10-30	609
2021-09	自由区	2023-02	2024-02	1010000910	50	2024-06-30	90	100	90	2022-10-30	609
2021-09	自由区		2023-02	1000000100	16	2023-12-30	70	90	63	2022-12-31	364
2021-09	自由区	2022-08	2023-04	1000000118	2	2023-12-30	70	90	63		
2021-09	自由区	2022-08	2023-08	1000001039	3	2023-12-30	70	90	63	2022-10-30	426
2021-09	自由区		2023-02	1010000450	1	2023-12-30	70	90	63	2022-12-31	364
2021-09	自由区	2022-08	2023-08	1000000956	1	2023-12-30	70	90	63	2022-10-30	426
2021-09	自由区		2023-03	1000001189	1	2023-12-30	70	90	63	2022-12-31	364
2021-09	自由区	2022-08	2023-08	1000001364	2	2023-12-30	70	90	63	2022-10-30	426
2021-09	自由区		2023-03	1000000083	2	2023-12-30	70	90	63	2022-12-31	364
2021-09	自由区	2022-06	2023-06	1000000474	2	2023-12-30	70	90	63	2022-12-30	365
2021-09	自由区	2022-06	2023-06	1000000477	2	2023-12-30	70	90	63	2022-12-30	365
2021-09	自由区		2023-03	1010000388	1	2023-12-30	70	90	63	2022-12-31	364
2021-09	自由区		2023-03	1010000378	2	2023-12-30	70	90	63	2022-12-31	364
2021-09	自由区	2022-08	2023-08	1000000803	1	2023-12-30	70	90	63	2022-12-30	365
2021-09	自由区		2023-03	1000000352	5	2023-12-30	70	90	63	2022-12-31	364
2021-09	自由区	2022-06	2023-06	1000000171	6	2023-12-30	70	90	63	2022-12-30	365
2021-09	自由区		2023-03	1000000086	4	2023-12-30	70	90	63	2022-12-31	364
2021-09	自由区	2022-08	2023-04	1000001175	2	2023-12-30	70	90	63		

图 2－3　S&OP 时区图

2.4　主生产计划

2.4.1　定位

主生产计划（MPS）位于 MPC 系统的中间位置，起到承上启下的关键作用。很多企业把 MPS 作为核心计划进行管理。

MPS 承接上游的 S&OP，要根据未来产品族的预测需求，制定每个产品（SKU 级别）的生产计划，给出明确的生产数量和时间。

同时，MPS 对接下游的物料需求计划（Material Requirement Planning，MRP）。理论上，无论企业是否运行 MRP 功能，后端的采购计划和生产计划，都应严格遵循 MPS，这就要求 MPS 必须精准合理。

MPS 的主要目标：

1）保证产品及时交付率，维持客户满意度。

2）实施资源合理分配，实现资源最大化利用。

3）降低生产运营成本，维持低库存水位。

2.4.2 运作模式

企业对于MPS的管理方法有很多，可以采取线下管理，也可以直接采用ERP系统的模块，整个过程一般可以分为以下六个步骤：

（1）汇总需求

需求计划是MPS活动的起始，首先要将S&OP输出的产品预测计划，以及企业获取的产品正式订单全部收集上来。如果只有产品族的需求数量，那么需要按照一定的规则进行分解，给出具体的产品（SKU级别）数量。

（2）确定投产策略

企业要结合自身的实际情况，以及产品特点，提前明确MPS制定策略。如果采用均衡策略，那么每周的排产数量相同，保证了生产计划和产能利用的均衡性，但会产生库存成本。如果采用追随策略，那么生产节奏会存在波峰波谷，但是可以降低库存成本。

（3）确定详细排产策略

MPS并不一定都是成品的计划，也可以是半成品，甚至是关键物料。如果产品采用按订单装配（ATO）的生产模式，那么MPS就必须是半成品计划，这一点是需要在制定MPS前明确的。

（4）确定物料和产能状况

这一环节是校验MPS的计划可行性，因为MPS未涉及物料层级计划，所以主要是检查粗产能和关键物料的满足情况，不需要对产品的全部物料到货情况，以及所有工作中心的产能负载情况进行评估。

（5）给出建议的MPS

结合前四个步骤给出的产品需求、投产策略、排产策略、产能物料，计划员负责制定建议版MPS，供正式会议讨论。

（6）会议决策

MPS正式会议是供应链管理的重要会议，一般每周或每双周召开一次，供应链、生产等部门高管，以及各级计划员参加。会议要对建议版MPS进行讨论和决策，给出正式的MPS。

2.4.3　实践案例

某企业采用 MPS 的方式制定产品排产计划，具体工作模式如下：

（1）工作日历

MPS 工作日历，见表 2 – 7。

表 2 – 7　MPS 工作日历

角色	周一	周二	周三	周四	周五
需求计划员	收集汇总预测、订单、库存等信息	制定 MPS（建议版）	召开 MPS 会议	修正 MPS（正式版）	
生产计划员	组织工单例会	完成粗产能计划检查	参加会议，提出计划修正建议		
物料计划员	组织采购单例会	完成关键物料检查	参加会议，提出计划修正建议		

（2）工作流程

MPS 流程，如图 2 – 4 所示。

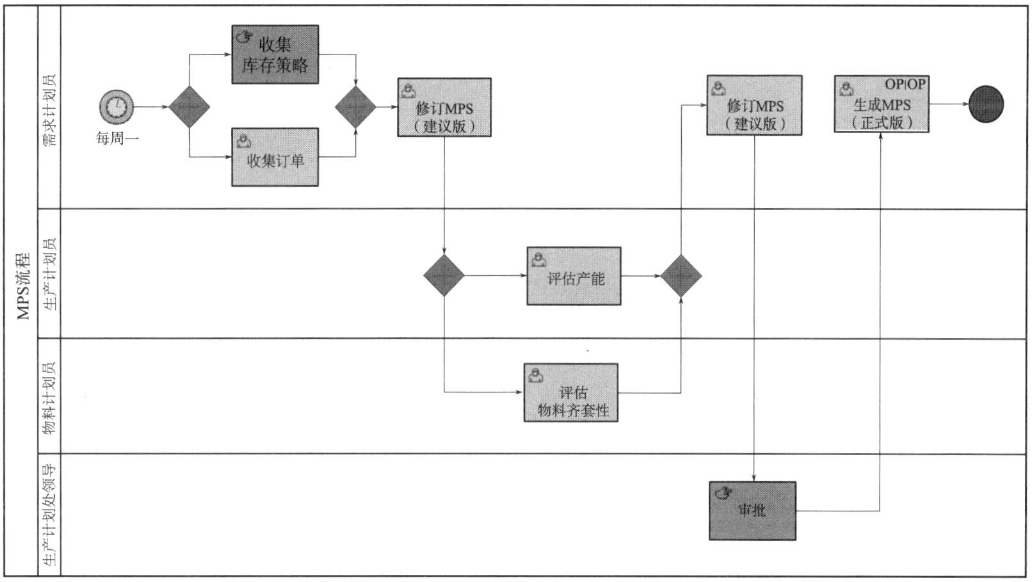

图 2 – 4　MPS 流程

（3）活动分解说明

MPS 活动说明，见表 2-8。

表 2-8　MPS 活动说明

工作项目	工作说明	输出物	责任人
收集订单和库存策略	汇总分析预测任务和订单	—	需求计划员
修订 MPS（建议版）	根据需求情况，调整修正 MPS	MPS	需求计划员
评估产能	按照最新 MPS，评估产能负载情况	产能负载表	生产计划员
评估物料齐套性	按照最新 MPS，评估关键物料齐套性	关键物料检查清单	物料计划员
修订 MPS（建议版）	修订 MPS（建议版）	MPS	需求计划员
审批	对 MPS 的可执行性进行审核确认	MPS	计划主管领导
生成 MPS（正式版）	生成 MPS，同步 ERP 系统	同步 ERP 系统	需求计划员

（4）MPS 实施关键点

1）需求分析：根据订单和预测，对该物料的所有需求进行整理分析。

MPS 需求汇总，如图 2-5 所示。

物料号	需求数量	最后更新日期	需求日期	WBS	类型
1010000366					
1010000366	6	2021-03-17	2021-10-31	ZPXM_GM_Z	计划独立需求
1010000366	10	2021-03-17	2021-11-30	ZPXM_GM_Z	计划独立需求
1010000366	10	2021-03-17	2022-06-30	ZPXM_GM_Z	计划独立需求
1010000366	10	2021-03-17	2022-02-28	ZPXM_GM_Z	计划独立需求
1010000366	10	2021-03-17	2022-05-31	ZPXM_GM_Z	计划独立需求
1010000366	10	2021-03-17	2022-03-31	ZPXM_GM_Z	计划独立需求
1010000366	10	2021-03-17	2022-04-30	ZPXM_GM_Z	计划独立需求
1010000366	10	2021-03-17	2021-12-16	ZPXM_GM_Z	计划独立需求
1010000366	10	2021-03-17	2022-01-31	ZPXM_GM_Z	计划独立需求
1010000366	10	2021-03-17	2022-07-31	ZPXM_GM_Z	计划独立需求
1010000366	4	2021-03-17	2021-05-25	ZPXM_GM_Z	预留，相关需求,MD04所有的需求
1010000366	4	2021-03-17	2021-05-05	ZPXM_GM_Z	预留，相关需求,MD04所有的需求
1010000366	20	2021-03-17	2021-03-15	ZPXM_GM_Z	预留，相关需求,MD04所有的需求
1010000366	32	2021-03-17	2021-08-25	ZPXM_GM_Z	预留，相关需求,MD04所有的需求
1010000366	24	2021-03-17	2021-03-25	ZPXM_GM_Z	预留，相关需求,MD04所有的需求
1010000366	8	2021-03-17	2021-09-25	ZPXM_GM_Z	预留，相关需求,MD04所有的需求
1010000366	8	2021-03-17	2021-07-25	ZPXM_GM_Z	预留，相关需求,MD04所有的需求

图 2-5　MPS 需求汇总

2）制定 MPS：根据产能和物料，对产品进行均衡排产。MPS 校验，如图 2-6 所示。

	物料编码	类型	2021-03-31	2021-04-15	2021-04-30	2021-05-15	2021-05-31	2021-06-15	2021-06-30	2021-07-15	2021-07-31	2021-08-15	2021-08-31	2021-09-15	2021-09-30
1	1010000366	可用量	-40	-30	-20	-14	-8	2	4	14	16	26	4	4	6
2	1010000366	MPS	20	10	10	10	10	10	10	10	10	10	10		10
3	1010000366	订单量	60			4	4		8		8		32		8

图 2-6　MPS 校验

2.5　物料需求计划

2.5.1　定位

物料需求计划（MRP）是企业的中期计划，主要作用是把产品级（或半成品级）的 MPS，分解为物料级的采购计划和生产计划。

这里所说的物料，是一种广义的物料概念，包含元器件、原材料、零件、组件等，既有企业自制品，也有外协采购品。

MRP 的主要目标：

1）保证物料及时性，让生产线不因缺料而停滞。

2）节省库存成本，让物料快速周转，尽可能在需要前到位。

2.5.2　运作模式

按照美国生产与库存管理协会（American Production and Inventory Control Society，APICS）给出的定义：

物料需求计划是依据 MPS、BOM、库存和在途等信息，经由计算而得到各种相关需求（Dependent Demand）中物料的需求状况，同时提出各种新订单补充的建议，以及修正各种已开出订单的一种实用技术。

简单来说，MRP 可以分三个步骤：输入、计算、决策。

（1）输入

MRP 运算的输入条件，主要有 4 个：

1）MPS：提供产品需求，给出在一定的时间范围内，应生产出的各种产品的具体时间和数量。

2）BOM：提供产品“配方”，给出产品所需物料的信息，以及加工顺序（关于 BOM 的概念和使用方式，本章最后部分有详细说明）。

3）库存：提供物料、成品的库存信息。

4）在途：提供物料、成品已下计划但未收货的信息。

上述四个输入缺一不可，否则会影响计算准确性。很多企业不使用 MRP 功能，最主要原因是数据质量不高，如果运行 MRP 功能会给出错误计划，反而影响产品交付。

（2）计算

各类 ERP 软件都具备标准化的 MRP 功能模块，在此简单介绍一下 MRP 运算逻辑。MRP 给出的计算结果有 2 个：净需求量、需求时间。

1）净需求量：

净需求量＝总需求－库存－在途

其中，总需求根据 MPS 和 BOM 计算得出。

2）需求时间。需求时间是根据 MPS 的最终交付时间，结合 BOM 中每一项物料的提前期，反向推导出。

图 2－7 给出了某款产品的 BOM，BOM 展示了产品的物料层级关系、数量、提前期等信息。再结合 MPS、库存、在途，就可以计算出每种物料的采购与生产计划。假设 A 型产品的 MPS 是第 8 周排产 10 个产品，那么可以得到如下分解，见表 2－9。

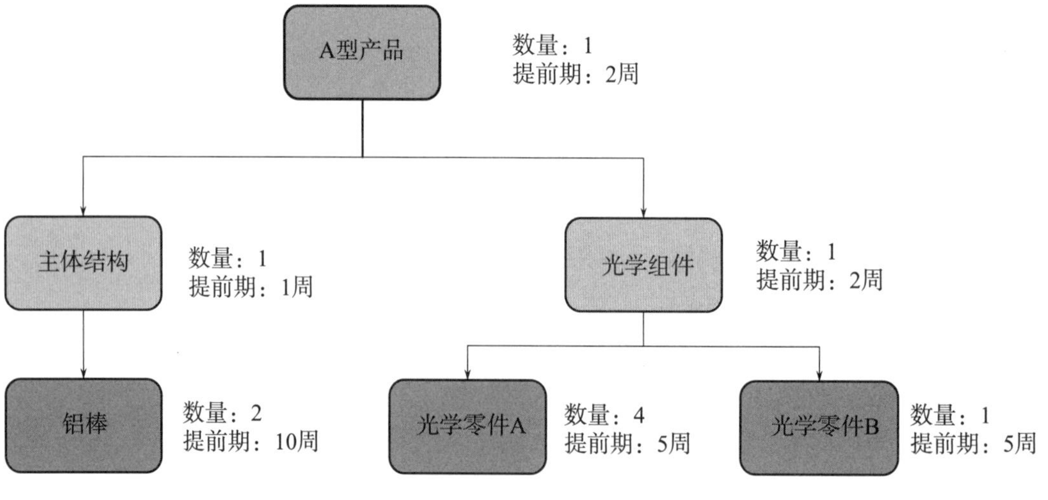

图 2－7　产品 BOM 简图

表 2－9　BOM 计划分解

产品	已知	1 周	2 周	3 周	4 周	5 周	6 周	7 周	8 周
A 型产品	总需求								10
	库存	2	2	2	2	2	2	2	
	在途								
	净需求量								8
光学组件	总需求						8		
	库存	3	3	3	3	3			
	在途					2			
	净需求量						3		
光学零件 A	总需求				12				
	库存								
	在途		10						
	净需求量				2				

可以看出，在 MRP 计算过程中，会考虑每个物料的库存、在途情况。A 型产品第 8 周需要 10 个产品，第 4 周只需要 2 个光学零件 A。

如果仔细观察，光学零件 A 的提前期是 5 周，说明如果按正常情况，时间已不能满足交付需求，这时候就要进行决策了。

（3）决策

MRP 运算输出的计划，其实是一种建议，需要计划人员复核确认，转为正式的采购计划和生产计划以后，才能驱动后端执行。

之所以要加一个确认环节，主要出于两点考虑：

一是，供应链的内外部环境是动态变化的，有时候会存在提前、推迟或组批释放计划等可能性，所以要对计划进行人工干预。

二是，系统数据不可能 100%准确，如果出现不合常理的计划，可能是计划或 BOM 弄错了，需要进行检查校验，修正数据。

在前面的例子中，光学零件 A 的采购周期不足，这时候需要计划人员进行决策。我们可以先与采购员沟通，供应商能否缩短周期，如果可行，则按系统时间释放采购单。如果不可行，那么可以调整 MPS，将产品交付时间挪到第 11 周，但这可能影响客户满意度，还需要再与销售人员沟通确认。

（4） MRP 策略选择

当企业打算实施 MRP 功能时，在系统准备阶段，将会面临 MRP 策略选择的情况。MRP 策略影响计算逻辑，要根据不同的产品生产制造环境进行选择。关于产品的生产制造环境，在第 4 章会有详细介绍。

在前文所讲 MRP 输入时，有一项是 MPS，代表了独立需求。但是，实际 MRP 运算，根据企业设定的 MRP 策略，有一些情况销售订单（Sale Order，SO）也会参与运算。常见的 MRP 策略如下：

1） 10（净需求计划）。

2） 11（按库存生产/总需求计划）。

3） 20（按订单生产）。

4） 40（最终组装的计划）。

5） 50（没有最终组装的计划）。

6） 52（没有最终组装和定做的计划）。

7） 60（有计划物料的计划，对销售订单）。

8） 70（有最终组装的半成品计划）。

9） 74（没有最终组装的半成品计划）。

10、11、40、52 四种策略面向按库存生产（MTS），可以根据企业实际情况进行选择。四种策略的对比，见表 2－10[2]。

表 2－10　面向 MTS 的策略对比

MRP 策略类型	10	11	40	52
需求来源	独立需求	独立需求	独立需求、销售订单	独立需求、销售订单
主要特征	独立需求触发采购和生产	独立需求触发采购和生产	独立需求和销售订单，共同触发采购和生产	独立需求触发采购和（或）半成品生产
MRP 是否考虑库存	考虑	不考虑	考虑	独立需求不考虑 销售订单考虑
销售订单是否影响生产	无影响	无影响	影响，销售订单大于独立需求时，按销售订单生产	销售订单触发最终成品生产

续表

MRP 策略类型	10	11	40	52
销售订单是否影响独立需求	无影响	无影响	消耗计划独立需求	消耗计划独立需求
销售订单发货是否影响独立需求	独立需求被冲销	无影响	独立需求被冲销	独立需求被冲销
生产订单收货是否影响独立需求	无影响	独立需求被冲销	无影响	无影响

上述四种策略，都可以制定成品的 MPS，但只有 52 不触发最终的成品生产，其余三种都可以形成最终的成品库存。

40 考虑销售订单，是最为常用的一种策略。相比而言，10、11 都不考虑销售订单，只适用于一些特殊的企业。例如，水泥厂一旦开工，停产成本极高，所以在计划管理上，希望生产节奏保持稳定，最好不受库存和销售订单影响，因此常采用 11 策略。

20、50、60 三种策略面向按订单生产（MTO），三种策略的对比，见表 2－11[2]。

表 2－11　面向 MTO 的策略对比

MRP 策略类型	50	60	20
需求来源	独立需求、销售订单	独立需求、销售订单	销售订单
主要特征	独立需求触发采购和（或）半成品生产	独立需求触发采购和（或）半成品生产	无独立需求
产品特点	成品需求可预测	成品需求基本可预测，仅某些特性不可预测	成品不可预测

上述三种策略，都只有销售订单触发最终的成品生产。

20 适合具有一次性生产特点的产品，例如飞机、轮船，基本不会提前生产。

50 和 60 适合可预测产品，通过制定 MPS，提前进行下层物料的储备。相对而言，60 的预测不确定性更大，例如客户购买汽车时，可能选择不同的外观颜色以及配件等，可采用 60 策略。

70、74 两种策略面向按订单装配（ATO），两种策略的对比，见

表 2－12[2]。

表 2－12　面向 ATO 的策略对比

MRP 策略类型	70	74
需求来源	独立需求、销售订单	独立需求、销售订单
主要特征	独立需求触发半成品生产	独立需求触发半成品下层物料的生产
产品特点	半成品需求可预测，价值高	半成品需求可预测，价值高

上述两种策略，都只制定半成品的 MPS，而不是最终成品的 MPS。只有销售订单，才能触发最终的成品生产。

70 和 74 的区别在于，74 相当于 70 和 50 的结合，根据 MPS 进行半成品下层物料的生产。

2.5.3　实践案例

企业在实际执行 MRP 过程中，往往需要人工参与，对计划进行评估和校验。下面介绍某企业 MRP 实施过程。

（1）工作日历

MRP 工作日历，见表 2－13。

表 2－13　MRP 工作日历

参与方	周一	周二	周三	周四	周五
需求计划员	确认并关闭无效订单			验证 MRP 运算结果	
生产计划员	检查并关闭无效工单			修正错误数据	下达工单
生产排程员		检查并调整异常工单			执行工单
物料计划员	检查并关闭无效采购单			修正错误数据	下达采购单
物料采购员		检查并调整异常采购单			执行采购单
ERP 系统	MRP 运算				

（2）实施关键点

系统根据 MRP 运算结果，提供了生产例外信息报表，计划员可以直接使用这些报告，辅助开展计划跟踪、风险识别。按照产品的生产过程和以下场景进行使用：

1）52 例外。表示系统无法选择物料订单（BOM）。这说明产品未建立 BOM，还不具备采购和生产条件的计划，主要用于评估产品设计的进度风险。

2）30 例外。表示按需求时间倒推，计划的开始日期已位于过去。这说明当前的计划未及时转成工单或采购单，按正常生产已不能满足需求，主要用于评估计划进度风险。

3）10 例外。表示系统需求订单日期提前。这说明工单和采购单的计划完成时间，已晚于需求时间，主要用于评估计划进度风险。

4）15 例外。表示系统需求订单日期提前。这说明工单和采购单的计划完成时间，已早于需求时间，主要用于评估提前投产占用资源、可能造成的产能不均和库存成本风险。

5）20 例外。表示对此次收货已没有需求。这说明工单或采购单没有使用需求，可能由计划取消、BOM 变更等原因造成，主要用于评估呆滞库存风险。

6）26 例外。表示库存和接收总量超过需求。这说明工单或采购单的生产数量，超过了实际使用需求，可能由计划取消、BOM 变更、设置安全库存等原因造成，主要用于评估呆滞库存风险。

讲到这儿，我们介绍了 MPC 系统的三种主要计划，做一个简单对比，见表 2-14。

表 2-14　MPC 系统的三级计划对比

计划类型	对象	时间颗粒度	功能
S&OP	产品族	月	实现供需平衡
MPS	产品	周	实现生产资源最大化利用
MRP	物料	天	实现生产线平稳运转

从 MRP 技术本身来看，根据 MPS 来决定订货和生产，是非常科学的方法。但是，如果没有计算机帮助，依靠人工计算，效率反而非常低，还不如传统的订货点法。

所以，MRP 要和企业的信息系统结合，在没有使用 ERP 系统的情况下，建议不要采用 MRP 方法。

2.6 产品 BOM

产品 BOM 是一个非常重要的概念，对于一个企业来说，BOM 也可以看成研发与供应链的衔接点。对于致力于实现集成供应链的企业来说，使用 BOM 是必不可少的重要环节。

2.6.1 BOM 的概念

BOM 是 Bill of Material 的缩写，表示物料清单。

简单理解的话，BOM 就是产品的配方，这个配方是给 ERP 等系统使用的，能够让计算机识别出产品生产制造所需要的信息。有了这些信息，计算机就可以对采购、生产、库存等内容进行计算，买什么物料，买多少，什么时候要，快速给出精确的采购计划和生产计划。相比传统人工管理方式，无论在准确性还是及时性上，效率都得到大幅提升。

所以说，企业对 BOM 的运用情况，在一定程度上可以作为衡量企业数字化能力的重要指标。

2.6.2 BOM 构建方法

如果企业还在使用 EXCEL 表进行管理活动，可以先不考虑产品 BOM。只有当企业具备一定的信息化基础，特别是打算使用 MRP（物料需求计划）功能时，才应该考虑如何构建 BOM。

必须说明的是，构建产品 BOM 是一项复杂的系统性工程，需要企业投入大量的资源和时间，不是靠几个人就可以轻松完成的。建立 BOM 一般需要具备两个前提条件：

（1）选择系统工具

产品 BOM 最终是用于 ERP 等系统的，需要专业的工具支撑，这类工具有很多，例如 PLM 系统等。

（2）建立物料编码

计算机识别结构化的数据，产品涉及的所有物料，小到螺钉、螺母，都需要有一个对应的编码，企业可以根据产品特点，自行设计编码规则。例如，某 A 款螺钉 F00001，某 B 款螺母 F00002。

有了系统工具和物料编码，做好了前期准备工作，接下来就可以开展构建产品 BOM，以下三种是较为常见的 BOM 形式。

（1）PBOM（Product BOM）

产品物料清单，一般由设计部门负责，描述产品的高层结构和主要功能组件。PBOM 定义了产品的主要架构，包含顶层组件、关键系统以及他们之间的关系。基于产品 PBOM，可以方便进行任务分解和管理。

（2）EBOM（Engineering BOM）

工程物料订单，一般由设计部门负责，详细描述产品的工程设计和组件规格。有了 EBOM，就知道产品需要哪些物料，需要的数量，可以启动采购（EBOM 只提供物料的种类和数量信息，不含时间信息）。

（3）MBOM（Manufacture BOM）

制造物料清单，一般由工艺部门负责，详细描述产品的实际制造过程和资源需求。MBOM 定义了产品的装配顺序，明确产品中各个零件的制造关系，比如某个零件在什么时间（提前期）做什么工作（工序），以及所需要的工具、设备、操作人员等。

通常情况下，产品 BOM 的最底层都是采购件，必须通过购买获得；中间层需要企业自己生产制造，可以按零件加工顺序设置多个层级；最顶层是成品，用于交付客户。

2.6.3　BOM 使用场景

常规使用方式，是将建好的产品 BOM 推送至 ERP 等系统。系统依据 BOM 结构，计算所需物料的时间和数量，分解出各级物料的采购计划和生产计划。ERP 等系统对 BOM 的使用，都是标准算法，有一些特殊的运算逻辑，需要根据产品的生产制造特点进行设置，例如报废率、MRP 策略等，在此不做深入讨论。

构建标准的产品 BOM，一般都是在完成全部设计、工艺之后，时间相对较长。在实际运用上，会存在一些特殊情况，例如对于设计周期较长的新研产品，往往需要边设计边研制。这就衍生出一些特殊的 BOM 应用场景，以下几种较为常见：

（1）采购 BOM

一种非常简单的 BOM，通常采用 EBOM 形式，甚至可以用 EXCEL 表进行管理。常用于新研产品上，快速启动长周期物料采购。

（2）超级 BOM

一种全配置 BOM，类似把 EBOM 下的各种 SKU 打包成一个 BOM。用法也很多，既可以通过设置一定的 SKU 比例，方便制定成品级计划，也可以通过零组件选配，快速建立对应 SKU 的 BOM。

（3）中间件 BOM

中间件是一种较为特殊的半成品，可以专门制定中间件的生产计划，经常用于按单装配（ATO）生产模式，ATO 模式在第 5 章生产制造管理中有详细描述。

第 3 章　需求管理

需求管理是供应链的最顶层活动，供应端负责制造产品，本质上是服务于需求端。经济学上有一个术语叫“牛鞭效应”，指的就是当供应链上游需求出现偏差后，下游各环节的影响会逐渐放大。打个比方，如果需求是大脑，那么供应就是四肢，一旦大脑指挥失误，四肢就会出现问题。所以，要管好供应链，首先要管好需求。

在众多供应链管理相关资料中，说到需求就会先讲预测，预测确实是需求管理的核心，但需求本身涉及的内容还有很多，包括了市场、客户、销售、预测等方面内容。严格意义上讲，市场管理与供应链管理属于相互平行、紧密配合的两种业务范畴，本章对市场部分不做过多赘述，重点介绍预测管理和订单管理。

3.1　预测管理

对于大多数制造企业，如果接到订单再启动设计、采购、生产等活动，整个产品的研制周期非常长，往往无法满足用户需求。预测的目的就是通过与客户沟通，在订单未到达之前，对客户的需求进行分析评估，形成合理的预测产品需求清单，传递至供应链提前开展生产活动。

常见的预测载体，是第 2 章提到的 S&OP 和 MPS，最终落到每种 SKU 的具体排产时间和数量。所以，通常情况下预测管理都是由计划员负责的，市场、销售的主要作用是提供数据，由计划员进行数据分析。同时，提供一些特殊信息，例如企业进行的广告宣传、促销、价格优惠等活动，便于计划员识别非正常的销售波动，准备评估未来需求。

3.1.1 基本概念

预测管理有很多方法，企业在开展具体的预测活动前，应该了解有关预测的基础概念，并达成共识。

(1) 预测产生成本

预测的准确率永远达不到100%，所以只要是预测，就会有误差，就会带来成本，进而影响利润。

但是相比不预测的代价，即便产生成本，企业依然会选择预测。而且，预测管理做好了，会提高预测准确率，这样能让库存周转得更快，运行成本更低。

(2) 预测的杠杆效应

需求计划提升带来的好处有很多，例如降低库存成本、资金成本、采购成本、物流成本等，并且可以提升生产效率和订单交付率。

根据一般经验，需求计划准确性的提升可以带来企业同等利润的提升。

(3) 预测误差

预测误差是客观存在的，虽然无法消除，但是可以进行量化评估，不断改进预测准确性。最常见的两种误差评估指标：

1) 平均绝对百分比误差（Mean Absolute Percentage Error，MAPE）。MAPE的计算过程是：实际值减去预测值，取绝对值，除以实际值，得到百分比，再对多期的百分比取平均值。公式如下：

$$\text{MAPE}=\frac{1}{N}\times\sum\left|\frac{\text{实际值}-\text{预测值}}{\text{实际值}}\right|\times 100\%$$

这个值很直观，但也容易被误导：当实际值非常小，特别是接近0时，这一百分比可能很大；如果实际值是0的话，分母就是0，计算没有意义。解决方式是设定上限，比如平均绝对百分比误差不超过100%。

2) 均方误差（Mean Squared Error，MSE）。其计算过程是：对每期预测值和实际值的差值进行平方，然后再对多期差值的平方取平均值，得到均方误差。公式如下：

$$\text{MSE}=\frac{1}{N}\times\sum(\text{预测值}-\text{实际值})^2$$

平方的好处是放大极端误差：误差小了，一般可以应对，比如设置安全库存，适当加急赶工；影响大的是极端误差，预测过低的话，安全库存很容易被击穿，导致高昂的加急赶工成本，预测过高的话，则容易造成大量的积压，导致呆滞库存。

3.1.2　常见预测方法

预测方法大体上分为两种：定性分析法、定量分析法。

（1）定性分析法

定性分析是根据人的经验、直觉进行的判断，较为主观，主要基于对市场行情、技术发展趋势、国家政策环境等方面的调研，可以用来帮助企业制定中长期的战略发展规划。

每个企业都会定期研发新产品，对于新产品的预测一般都比较困难，因为缺少数据支撑。如果是一款新研产品，建议采取定性分析法，例如德尔菲法。这样预测的准确度不低于量化分析，并且能节省很多管理成本。

（2）定量分析法

定量分析是基于数据的计算分析，通过建立预测模型，收集历史数据，为企业提供较为精确的量化判断，便于制定中短期的产品主生产计划。定量分析的核心是模型和数据。

企业在建立预测模型前，要对自身产品有一个基本判断。产品的需求是否存在一定的规律性，如果需求是完全随机的，通过验算也不符合某种概率分布，则很难构建出有效的预测模型，可以尝试定性分析法或采取其他方式。

3.1.3　预测标准模型

如果采用定量分析法，企业就需要选择合适的预测模型，这里介绍三种常见的预测模型：移动平均法、指数平滑法、ABC-XYZ分类法。

（1）移动平均法

移动平均法是用一组最近的历史需求来预测未来一期或多期的需求。公式如下：

$$新预测=\frac{1}{N}\times(历史值1+历史值2+\cdots+历史值N)$$

这是时间序列预测最常用的方法之一。当每期的历史需求权重一样的时候，称之为简单移动平均；当权重不同的时候，称之为加权移动平均。在加权移动平均中，需求历史越近，权重一般越大，其更重视最新的数据。所有的权重加起来等于1。

移动平均法通过平均多个数值，消除需求波动中的随机因素，方法简单易行，在需求既不快速增长，也不快速下降，没有季节性、周期性的情况下，适合使用。

（2）指数平滑法

指数平滑法其实是一种特殊的移动平均法，特点是权重按照几何级数递减，越久的数据权重越小。公式如下：

$$新预测=历史实际值\times\alpha+历史预测值\times(1-\alpha)$$

α 取值在0～1之间。

指数平滑法是时间序列预测另一类常用方法，时间序列的态势具有稳定性或规则性，所以可被合理地顺势推延；最近发生的，在某种程度上会持续到最近的未来，所以历史信息越新，其所占权重越大。

（3）ABC-XYZ分类法

ABC-XYZ分类法是通过对物料分类，进而评估出预测储备数量的方法。ABC分类是按物料价值进行分类：A类物料占库存物料总价值的75%～80%，B类占10%～15%，C类占5%～10%。XYZ分类是按物料出库的波动率（波动率=标准差/均值），可以理解为物料被使用的频率，X的波动率小于0.5，Y的波动率在0.5～1之间，Z的波动率大于1。

这样得到AX至CZ一共9种分类。AZ的价值高，使用少，可以少储备。CX的价值低，使用多，应该多储备。

3.1.4　运作模式

（1）明确方法

企业想要做好预测管理，首先要找到合适的预测方法，符合自身市场环境和销售模式。如果企业的产品面向普通消费者，订单量和客户量都很多，例如手机、矿泉水等，这种模式可以提供丰富的订单数据信息，较为容易地通过标准模型分析得到产品销售趋势，进而制定预测计划。

如果企业订单量和客户量都很少，数据信息相对有限，找不到合适的预测模型，那可能需要采取别的方式，例如让销售人员精准沟通客户，深度了解对方需求。

相比于一般制造企业，航天企业任务来源较为单一，客户也相对固定，在开展预测管理时，可以直接对接客户，掌握第一手资料，这样获得的信息往往可信度很高，并且及时性很好。

需要说明的是，不同预测方式在岗位设置上有所区别。采用定量分析，企业一般是由供应链计划员建立预测模型并分析数据，制定主生产计划，相当于从供应端入手。采用定性分析，可能是由销售人员给出预测建议，相当于从需求端入手。

（2）明确模型

供应端的预测一定要用客观、真实的数据说话，最常用到的数据是库存信息。常见的移动平均法、指数平滑法，主要面向成品预测，并且对时序有要求，需要找到规律，使用条件较为苛刻。ABC－XYZ 分类法可以用在各级物料上，例如半成品、原材料，对于时间的规律性不是特别敏感，分析难度小。但凡事有利有弊，ABC－XYZ 分类法给出的预测准确性不如前两种模型，一般用于库存计划，补充货架储备。

需求端预测要充分发挥销售人员的才能，设置相应的激励机制，鼓励销售人员与客户多沟通，敢于预测。供应端想要提前启动生产，保障产品交付进度，并且愿意承担一定的库存风险，这也是客户乐意见到的，双方有良好的合作基础。销售人员可以获得的有用信息非常丰富，例如哪些项目正在论证，哪些项目即将量产，什么时间需要，采用哪个平台，这些都可以帮助企业准确判断预测计划。

除了获取预测信息，销售人员还可以在沟通过程中，向客户推介主流产品，了解客户的反馈意见，哪些产品满意度高，未来市场潜力大，应该多做预测。企业应当建立销售人员预测信息的维护和跟踪机制，对于满足一定预测概率的，可以下达预测订单。对于预测订单，企业按正式订单进行管理，直接驱动采购生产，也可以考虑只触发采购，企业应结合自身实际，采用不同的响应方式。

对于航天企业来说，由于航天项目的任务需求不同，造成产品的性能指标不同，一般情况下都需要定制化生产，并不利于进行预测管理。笔者所在的航天企业，得益于对产品化工程的长期坚持，是业内为数不多的可以实现大规模通用产品研制生产的企业之一，使得企业能够有效开展预测活动，合理采用一些预测模型进行需求分析，更贴合规模化的生产模式。正是由于通用产品的广泛应用，为企业实施宇航集成供应链模式变革奠定了坚实基础。

（3）明确机制

预测活动可以按月进行，也可以按周进行。通常情况下，如果按月，会预测未来几个月的生产计划，如果按周，会预测未来几周的生产计划。预测频率取决于企业产品特点。

确定后，可以制定预测管理的工作日历，以按月为例：

1）第一周主要活动：

a. 对上期结果进行分析。

b. 对主要预测偏差进行沟通确认。

c. 对收集的数据进行整理和清洗。

d. 与市场销售进行沟通，给出第一版预测计划。

2）第二周主要活动：

a. 与市场销售沟通，协商对于预测计划的目标差距。

b. 达成一致意见，确定上会的预测计划。

c. 召开需求会议，形成最终预测计划。

3）第三周主要活动：

a. 根据预测计划（产品族），分解到每个 SKU 的预测计划。

b. 与供应端沟通，协调产能计划、物料计划。

4）第四周主要活动：

a. 进行数据监控。

b. 更新预测模型。

可以发现，预测的运作模式与第 2 章提到的 S&OP 非常相近。事实上，S&OP 管理模式也是一种预测模式，采用 MPC 系统的企业一般都借助 S&OP，而不会单独开展预测活动。所以，这里提到的预测管理是一种方法，采取何种方式落地由企业自主选择。

3.2　订单管理

订单是供应链的源头，正本才能清源，所以订单管理对整个供应链意义重大。订单是一种常见需求，无论企业所处的市场环境如何，采取哪种销售模式，都会以客户订单的方式，驱动供应链的生产、发货和结账等活动。

订单管理由企业的销售团队负责，可以分成记录传递、信息沟通、进度监控三个主要活动。

3.2.1　记录传递

订单的三个要素是：产品类型、需求数量、交付时间，即客户要什么、要多少、什么时候要。销售人员应当准确记录客户需求，快速传递给供应端。

（1）产品类型

产品类型只知道品项是不够的，要精确到 SKU。例如，网上购买手机时，很多商家要求客户选择 128 B 或 256 B，才可以成功下单。对于信息化程度较高的企业，订单要让计算机能够识别，所以必须精确到产品 SKU 对应的物料编码。

（2）需求数量

除了一些特殊制造行业，订单要明确具体需求数量，如果采用信息化系统，订单更是需要进行量化管理。

（3）交付时间

习惯上，订单交付时间以“天”为单位。同时，订单时间要与企业信息化系统的计算周期保持一致。此外，交付时间一般指客户收到产品的时间，所以在安排生产时，要考虑产品的发货、转运、通关等物流周期。

一般来说，所有企业都有一套自己的订单管理系统。销售人员获取订单后，会在系统中进行录入，作为供应链的生产交付依据。有一种特殊情况普遍存在，企业经常会碰到“插单”情况，有些重要的紧急订单要以更高的优先级插到生产计划中。针对这种情况的应对方法是设定订单级别的区分标准，一般依据客户分级、项目性质区分，这样就不必每次“插单”都需要依靠高层管理者的行政指令来操作。另外，若 S&OP 机制运行得当，可以有效降低“插单”的概率，结合前端的线索与商机管理，使客户需求信息及早浮现，避免“插单”给供应链整体计划带来冲击。

除了上述三个基本信息，很多企业还会根据自身产品特点增加其他信息，例如所属项目、所属用户、所属产品族等，这些是为了方便订单的管理和维护，企业可以根据需要进行定制化管理。

3.2.2 信息沟通

供应链管理有一个重要指标叫“客户满意度”，这体现了企业的服务水平。对于航天企业，项目计划存在“后墙节点”，每一个节点推迟都可能影响整个项目的进度，客户更加重视订单的交付及时性。销售团队应建立稳定的客户沟通渠道，及时进行信息交互，让客户方便快速地掌握订单信息。

订单管理中有一项非常重要的活动，就是进行订单评审，给出承诺交付时间。客户需求时间有时候受制于客观原因，例如订单下达晚、库存不足等，无法按时交付，这种情况虽然影响满意度，但可以理解。

承诺交付时间则不同，这是企业的供应端经过评估后给出的承诺，原则上不能推迟，否则将极大地影响企业信誉，评审环节计划管理人员必须参加，分析产品的物料到货和产能使用情况，准确评估交付实际。对于不满足客户需求的订单，评审结束后应在规定时间内告知客户，争取客户理解。

在订单管理阶段，企业如果实施了客户分类管理，可以针对不同等级的客户，采取不同的评审方式。例如，对优先级最高的客户，可以在接单后 6 小时内组织评审，物料和产能优先保证，评审后 2 小时反馈用户。对优先级较低的客户，可以每周或每月定期组织评审，物料和产能的分配顺序相对靠后，评审后 24 小时内反馈。

3.2.3　进度监控

对于客户来说，除了希望在下单后快速收到交付承诺，还希望及时掌握产品研制的过程信息，提前获悉交付风险，给客户反馈的时间点距离承诺交付的时间点越近，客户体验感越低。而销售人员具有跟单的职责，理论上讲，若计划部门、生产部门能按部就班做好各自工作，销售人员不必花费很多时间和精力在跟单上，但现实中并不容易做到。

因此，销售团队要与供应链的计划管理团队保持密切协作，在企业内部也应当建立稳定的沟通机制，实现产品研制信息的共享交互。例如，计划团队应当每周或每月组织订单风险评估，销售团队应当参加会议，掌握第一手信息。制定风险预案，留出足够的处置空间，这样在与客户沟通时，可以更积极主动地争取客户的理解和认可。

同时，供应链建设应朝着不需要销售人员跟单的局面改进，着手供应链运作水平根本性改善，这种改善包括但不限于：

1）作为供应链的枢纽部门，计划部门应进一步发挥作用，计划强，则销售退。

2）推进订单执行过程中的适时透明化，让销售人员可以查看订单到计划、到工单、到入库的全程节点信息。

3）强化订单执行全程中高频率出现的异常情况应对机制。

3.2.4 实践案例

某企业的订单中既包含通用产品，又包含定制产品，其订单承诺的工作模式如下：

(1) 工作日历

工作日历，见表 3-1。

表 3-1　工作日历

角色	周一	周二	周三	周四	周五
需求计划员	收集汇总订单信息	进行 ATP 检查	更新订单承诺 更新 MPS 计划	组织风险订单评估	
生产计划员		评估产能		参加风险订单评估	
物料计划员		评估关键物料		参加风险订单评估	
产品设计师	发布采购 BOM				

(2) 工作流程

订单承诺流程图，如图 3-1 所示。

(3) 活动分解说明

活动说明，见表 3-2。

表 3-2　活动说明

工作项目	工作说明	输出物	责任人
检查订单	收集、汇总新增订单和未承诺订单	订单汇总表	需求计划员
进行 ATP 检查	根据 MPS 计划，进行订单可承诺检查	—	需求计划员
发布采购 BOM	确定定制产品的关键长周期物料，发布采购BOM	采购 BOM	产品设计师
评估关键物料	评估关键物料的到货时间	关键物料检查表	物料计划员
评估产能	评估粗产能的可用情况	产能检查表	生产计划员
给出交付承诺	给出订单的承接交付时间	承诺订单汇总表	需求计划员
组织风险订单评估	对不满足需求订单，组织线下评审，评估风险等级，给出最佳承诺，与用户沟通并达成一致	承诺订单汇总表	需求计划员
更新承诺时间	更新订单的承诺交付时间	承诺订单汇总表	需求计划员

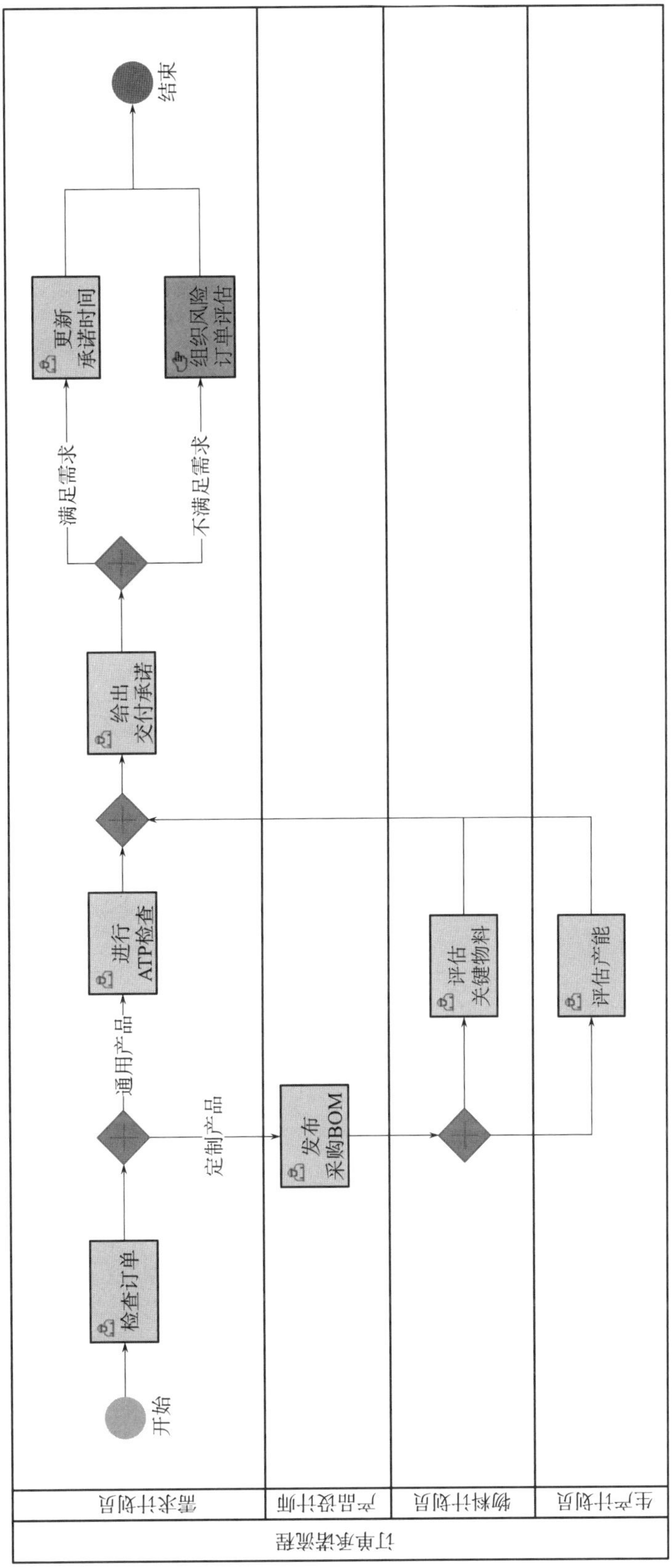
订单承诺流程
需求计划员
产品设计师
物料计划员
生产计划员
开始
检查订单
通用产品
定制产品
进行ATP检查
发布采购BOM
评估关键物料
评估产能
给出交付承诺
满足需求
不满足需求
更新承诺时间
组织风险订单评估
结束

图 3－1　订单承诺流程图

第 4 章　采购管理

采购是供应链的重要环节，做好采购管理，不是简单地为企业生产制造准备物料，而是通过高效、优质、低成本的采购行为，为企业创造更多的利润空间，提升市场竞争力，将采购打造成企业的战略资源和护城河。

通常情况下，采购管理包含两方面内容，一方面是对供应商的管理，另一方面是对采购业务的管理。供应商管理是对外，企业建立并维护供应商资源池，为采购活动提供供应商选用清单，不触发具体的采购业务。采购业务管理是对内，针对采购需求，按照计划开展具体的采购执行活动，从业务流程上看，包含了采购需求管理、采购策略管理、采购执行管理。本章主要面向企业内部，重点介绍采购需求、计划、执行等相关活动的实施过程。

4.1　采购需求与计划管理

4.1.1　采购需求管理

需求是企业管理最重要的内容，如果在需求管理上出现问题，会导致企业库存高企、物料短缺、生产线停滞、产品缺乏竞争力等问题。其中，采购需求管理是需求管理的重要组成部分，做好采购需求管理，提高采购绩效，才能有效地支撑企业战略达成。一般情况下，采购需求管理的主要活动包含以下几个方面：

（1）需求收集

企业收集需求的主要渠道分为内部渠道和外部渠道。内部渠道主要包括产品研发团队、市场、预言、用户服务、研发等；外部渠道主要包括行业分析、客户、供应商、展销会、媒体等。

企业建立需求收集渠道后，利用一定的收集方法进行需求收集，主要收集方法包括：聘请客户顾问、聘请行业专家、第三方调研、市场活动分析、调研访谈、高层交流等。

（2）需求分析

企业完成需求收集，应根据企业战略、经营策略、生产能力等通过一定的技术手段（如 SWOT 分析）对需求进行进一步分析、分解，制定自制、外包策略。并通过企业信息系统进行固化。

（3）需求整合

企业采购部门协调企业内部的设计部门、经营部门、营销部门等对需求的标准化、通用化、模块化零组件及各种劳务外包需求进行整合，制定执行方案。依据企业采购战略提出供应商整合方案，并在采购执行过程中实施。

（4）需求结果输出

只有完整、明确的采购结果输出，才能指导后续采购计划的制定和采购执行的开展，这是提高采购绩效有利的保障。完整、明确的采购需求结果应包括以下内容：

1）满足的质量、安全、技术规格、物理特性、包装、环境等要求。

2）确定的数量、交付时间、交付/实施地点和时间等。

3）应满足的服务标准、期限、效率等要求。

此外，采购需求的提出应该尽可能采用系统生成，避免人为参与。如果必须由非系统产生需求，一定要做好流程管理和标准化管理，以便降低后期业务核对、沟通的成本。

（5）需求变更

采购需求变更会对企业的采购绩效、库存情况产生直接的影响，进而影响企业的正常运营。所以采购需求在各个阶段均要严格控制，减少需求变化情况出现。以下从几个阶段阐述需求控制的方法。

1）采购需求整合阶段、采购需求结果输出阶段的需求发生变更，本阶段为采购准备阶段。所以，本阶段采购需求变化需要经过重新论证、比较，确认变化需求最优后重新整合需求，输出采购需求结果。

2）采购执行阶段、采购完成后的需求发生变更，需要评估变更带来的影响，至少包括在制品进展、损失、产品库存、零组件库存、供应商关系等，评估结果为可接受，才可以按照程序提交变更审批，进行变更处理，并制定变更方案和库存消解方案，评审通过后执行。

4.1.2 采购计划管理

采购计划管理是为保证企业正常运营，配合企业各项生产计划，减少物料占用资金和库存积压，根据市场供求情况、生产和物料消耗情况等，对采购计划期内相关物料及其他物品的采购管理活动所做的有预见性的安排和部署。企业的采购计划主要包括采购方式、主要物料、采购数量、到货时间等。

（1）计划编制与执行

企业采购管理部门接收市场部门的采购需求后，协调设计/工艺部门搭建产品 BOM（BOM Bill of Materials），通过 BOM 将产品拆分成物料或零件级别及相应的生产方式、周期等信息，利用 MRP 运算即可根据需求时间按序释放电子采购申请。电子采购申请的内容通常包括物料、采购量、要求交付时间等。

对于试验类、工序类、临时工装等通常伴随产品的生产过程、客户具体需求制定，重复性低，很难用物料代码进行固化，需要人工创建采购申请。手工创建的采购需求，可以制定制式的模板确认此种采购申请包含的全部内容，见表 4－1。

表 4－1 采购申请

费用化采购申请模板			
状态		采购组	
请求的项目		申请者	
科目分配类别		需求跟踪号	
项目类别		所需供应商	
物料		固定的供应商	
短文本		供货工厂	
申请数量		采购组织	
计量单位		框架协议	

续表

费用化采购申请模板			
交货日期种类		基本协议项目	
交货日期		采购信息记录	
物料组		MPN 物料	
工厂		库存地点	

采购执行部门收到采购申请后，按照企业的规定合理选择采购组织形式与采购方式。选择原则为在合规基础上，优先选择满足企业采购需求、效率最高且进行性较强的组织形式与采购方式。基本的采购组织形式包括项目采购、集中采购。采购方式主要包括：招标采购、竞价采购、询比采购、竞争性谈判采购、合作谈判采购、网上商城采购、单一来源采购、框架协议采购。

采购员（BUYER）接收采购申请，按照采购计划中的采购方式，通过企业采购电子信息平台确定供应商与价格。并与确定的供应商签订合同，进行合同履行。在合同履行过程中采购员要与供应商建立定期沟通机制，通过采购系统、即时通信手段、现场监造等形式，确保供应商按照约定履行合同。

（2）计划异常处理

1）交期异常管理。在合同履行过程中，采购员通过各种手段监控供应商的生产、交付情况，及时预判可能出现的交期异常风险，并及时向单位采购管理部门汇报、分析。组织协调供应商进行风险防范和补救，使交期异常影响降到最低。

企业内部应该同期对交期风险进行分析，采取必要的措施。降低损失和评估损失程度，并视情况向供应商提出索赔。

2）品质异常管理。供应商发现品质异常且无法在短时间内解决时，应及时向甲方采购员和质量管理部门报告。甲方应组织技术力量支持问题快速解决。

同时，企业的内部采购管理部门会同需求部门、经营部门、质量部门等共同协商是否需要采取应急采购措施，来降低品质异常问题对正常生产经营活动的影响。同时评估品质问题对企业造成的损失，视情况向供应商提出索赔或者补偿。

4.2　采购执行管理

采购执行是采购的核心业务，其完成情况将直接影响采购管理的表现和价值，进而影响整个供应链管理活动。采购员（BUYER）是采购执行活动最主要的参与者，主要涉及的业务活动包含谈价、询比价、合同签订、采购单执行、收货入库等内容。

4.2.1　谈价管理

谈价是采购管理的一项重要工作，在供应商首次选用、签署框架合作协议、价格基线变动等情况下，都需要与供应商进行价格谈判，确立采购的价格基线。

（1）主要流程

谈价活动主要涉及的岗位角色包含采购员、供应商管理部门，以及外协供应商，主要流程活动如下：

1）采购员填写谈价申请表，同时向供应商索要报价单。将采购申请表与报价单提交至供应商管理部门。

2）供应商管理部门审核谈价申请与报价材料。

3）采购员、供应商管理部门、供应商完成三方谈价（可能存在洽谈协商未达成一致情况）。

4）供应商管理部门记录谈价结果，三方签字确认。

（2）关键点管理

实际开展谈价工作时，要考虑任务的批量化处理，以提高工作效率，同时也要考虑供应商的配合度，谈价环节理想周期应小于 3 个工作日，见表 4－2。

表 4－2　谈价周期

任务执行人	任务名称	期望周期(天)
采购员	填写谈价申请并发送	0.5

续表

任务执行人	任务名称	期望周期(天)
供应商管理部门	审核谈价材料	0.5
三方	预约谈价时间并等待	1
三方	谈价	0.5
供应商管理部门	生成谈价记录表	0.2
三方	谈价记录表签字齐全并留档	0.2

影响流程执行效率的主要风险，见表 4－3。

表 4－3　谈价风险

风险因素	处理措施	发生频率
谈价申请审核未通过	协调沟通	低
谈价时间推迟	沟通协调	中
洽谈结果未达成一致	重新预约或更换供应商	低

（3）信息流管理

谈价流程中涉及的主要传递内容包括报价单、谈价申请、谈价记录表，应当保证谈价过程的信息记录准确无误，具体信息见表 4－4。

表 4－4　信息流对照

序号	信息明细	报价单	谈价申请	谈价记录表
1	谈价编号			√
2	项目名称 （谈价标的物明细）	√	√	√
3	所属品类		√	√
4	供应商名称		√	√
5	供应商报价	√	√	√
6	洽谈方式			√
7	洽谈时间			√
8	洽谈地点			√

续表

<table>
<tr><th>序号</th><th colspan="2">信息明细</th><th>报价单</th><th>谈价申请</th><th>谈价记录表</th></tr>
<tr><td>9</td><td colspan="2">洽谈组织部门</td><td colspan="3">供应商管理办公室</td></tr>
<tr><td>10</td><td rowspan="6">谈价过程与内容</td><td>谈价会名称</td><td colspan="3">同(3)所属品类</td></tr>
<tr><td>11</td><td>谈价地点</td><td colspan="3">同(8)洽谈地点</td></tr>
<tr><td>12</td><td>供应商</td><td colspan="3">同(4)供应商名称</td></tr>
<tr><td>13</td><td>承制任务内容</td><td colspan="3">同(2)项目名称(谈价标的物明细)</td></tr>
<tr><td>14</td><td>最终报价明细</td><td></td><td></td><td>√</td></tr>
<tr><td>15</td><td>谈价有效期</td><td></td><td></td><td>√</td></tr>
<tr><td>16</td><td colspan="2">最终成交价</td><td colspan="3">同(14)最终报价明细</td></tr>
<tr><td>17</td><td colspan="2">三方签字</td><td></td><td></td><td>√</td></tr>
</table>

4.2.2 询比价管理

询比价是一种常见的采购模式，对于产品的一些通用部件或工序，可以通过询比价的方式，邀请多家供应商以竞标的形式达成合作，引入竞争降低采购价格，同时节省价格谈判等管理成本。

（1）主要流程

询比价活动主要涉及的岗位角色包含采购员、供应商管理部门、合同管理部门，以及外协供应商，主要流程活动如下：

1）采购员在采购平台系统中将采购申请转换为询价单，并发起询价，邀请供方合格名录内的供应商参与报价。

2）供应商完成报价后，采购员对询价单进行核价，并提交至审批系统。

3）业务部门、供应商管理部门、合同管理部门，分别进行询价单的审核确认。

4）审批通过后，更新采购订单状态。

（2）关键点管理

在询比价过程中，采购员需要约束供应商报价周期，同时要加强申请材料的质量把关，询比价环节理想周期应小于 4 个工作日，见表 4－5。

表 4-5　询比价周期

任务执行人	任务名称	期望周期(天)
采购员	发起询比价	0.5
供应商	完成报价	2
采购员	完成核价	0.5
供应商管理部门、合同管理部门	完成审批	1

影响流程执行效率的主要风险，见表 4-6。

表 4-6　询比价风险

风险因素	处理措施	发生频率
供应商整单报价不合理	重新组织询比价	低
供应商部分报价不合理	取消不合理报价并提交审批，不合理部分重新组织询比价	中
由于材料问题，审批未通过	补充相应支撑材料或重新核价	低
由于价格问题，审批未通过	取消询比价，转入谈价流程	低

4.2.3　合同管理

合同管理是采购的必要前提。一般情况下，按照审计审查相关规定，采购发生前应先明确采购的供应商、价格、数量等内容，在完成合同签订后，才能启动采购业务。

(1) 主要流程

合同管理主要涉及的岗位角色包含采购员、供应商管理部门，以及外协供应商，主要流程活动如下：

1) 采购员根据采购订单创建采购合同申请，作为任务发起人填写合同基本信息。

2) 业务部门审批通过后，采购员补充合同详情，并提交管理部门审批。

3) 供应商管理部门、合同管理部门审批通过后，采购员打印合同文件，传递供应商盖章。

4）合同返回后传递合同管理部门，完成盖章归档。

（2）关键点管理

合同签订过程耗时较长，大多数企业在这一环节，都包含线上审批环节，以及线下物流传递环节。为提高管理效率，企业应制定相应的工作日历，合同签订环节理想周期应小于5个工作日，见表4-7。

表4-7 合同签订周期

任务执行人	任务名称	期望周期(天)
采购员	发起合同申请	0.5
业务部门	完成审核	0.3
采购员	补充合同详细信息	0.2
供应商管理部门 合同管理部门	完成审批	0.5
采购员	寄送合同	0.5
供应商	盖章寄回	2.5
合同管理部门	盖章归档	0.5

影响流程执行效率的主要风险，见表4-8。

表4-8 合同签订风险

风险因素	处理措施	发生频率
合同审批未通过	补充相应材料	低

4.2.4 采购订单创建管理

当采购员完成所有价格谈判，签订采购合同后，就可以创建采购订单，明确采购时间，正式向供应商发起采购业务。

（1）主要流程

采购订单创建活动主要涉及的岗位角色包含采购员、物料供应部门，以及外协供应商，一些企业对于外协产品的质量管控较为严格，在物料使用上有明确要求，这需要对采购订单创建环节进行控制，主要流程活动如下：

1）采购员将完成合同签订的采购申请，按合理批次转换为采购订单。

2）供应商接收采购订单，根据生产要求启动研制，或提出带料申请。

3）采购员根据供应商带料申请，提出发料需求。

4）物料供应部门按需求完成发料，寄送供应商。

（2）关键点管理

采购订单创建过程相对可控，有一点需要注意，为了保证质量，一些特殊采购产品，是由企业提供加工原材料，这部分物料发放的及时性，采购员需要特别关注，该环节理想周期应小于 5 个工作日，见表 4－9。

表 4－9　采购订单创建周期

任务执行人	任务名称	期望周期(天)
采购员	创建采购订单	0.5
供应商	确认采购订单并反馈物料发放需求	0.5
采购员	创建物料发放申请	0.5
物料供应部门	完成发料并寄送至供应商	2.5
供应商	清点物料	0.5

影响流程执行效率的主要风险，见表 4－10。

表 4－10　采购订单创建风险

风险因素	处理措施	发生频率
物料未及时送达	及时沟通，必须时申请补发	低

4.2.5　收货入库管理

采购产品完成加工后，经过物流和检验，完成最终的收货和入库，整个采购活动才算全部闭环。

（1）主要流程

收货入库活动主要涉及的岗位角色包含采购员、检验部门、仓储部门，以及外协供应商，主要流程活动如下：

1）供应商寄送标的物。

2）采购员收货确认，送检验部门清点。

3）检验部门完成检验，并转至库房。

4）仓储部门完成入库。

需要注意的是，有时采购产品完成检验后，还有工序外协等工作，为了提高效率，产品不会直接入库，而是由采购员直接传递至下道工序的外协供应商。

（2）关键点管理

收货入库的工作要根据产品实际状态，如果外协工序和检验环节多，会影响最终入库时间，一般情况下理想周期应小于3个工作日，见表4－11。

表4－11 收货入库周期

任务执行人	任务名称	期望周期(天)
供应商	寄送采购产品	1
采购员	接收采购产品,送检验部门	0.5
检验部门	完成检验	1
仓储管理	完成入库	0.5

影响流程执行效率的主要风险，见表4－12。

表4－12 收货入库风险

风险因素	处理措施	发生频率
物流延期	寻找替代物流,或安排专人取货	低
检验资源冲突	提前沟通协调计划	低

4.3 采购合规性管理

最后说一下采购的合规性管理，采购是制造企业的核心业务，采购业务如果出现问题，会对企业生产运营造成重大影响，所以采购的合规性管理是企业风险管控的重中之重。

采购的合规性管理，就是企业在采购过程中，要确保采购活动符合法律、法规、行业标准和内部规章制度的相关要求，防范法律风险、道德风险和操作风险，避免造成企业经济、声誉、进度等各种损失，保障企业的正常运营和可持续发展。

采购合规性管理主要体现在以下三个方面：

一是防范法律风险。采购活动涉及合同签订、货款支付、供应商管理等多个环节，若不符合法律法规要求，可能引发法律纠纷，给企业带来经济损失和声誉损害。

二是确保采购质量。合规性管理要求采购活动遵循行业标准和内部规章制度，从而确保采购的产品和服务质量符合企业要求，避免因产品质量问题影响企业的正常运营。

三是避免徇私舞弊。合规性管理要求企业在采购过程中遵循公平、公正、公开的原则，防止腐败和舞弊行为的发生，确保供应商之间的公平竞争。

4.3.1　防范法律风险

防范采购法律风险，就是要防范采购过程中，由于各种法律因素导致的潜在风险，例如合同条款不明确、侵犯专利知识产权等，避免法律纠纷和损失。主要措施有：

（1）建立法律风险防范机制

企业应制定完善的采购政策和程序，明确采购活动的合规标准和要求，以及采购过程可能出现的法律风险点，确保采购决策和执行符合法律法规和企业规章制度。

（2）加强供应商准入控制

在选择供应商时，应进行全面的尽职调查，对供应商准入进行严格的审查把关，包括供应商的资质、信誉、产品质量、合同履行能力等方面，以保证与合规供应商合作。

（3）规范合同管理

企业应建立严格的合同管理制度，定期更新、审查采购合同，确保采购合同内容合法合规，条款清晰准确，符合法律法规要求。同时，要明确双方的权利和义务，防范合同争议和违约风险。

（4）加强内部监督与审计

企业应建立采购活动的内部监督机制，通过内部审计和合规审查，及时发现和纠正采购活动中的不合规行为，确保采购活动的合规性。

（5）加强培训教育

企业应定期开展采购人员的法律意识和合规意识培训，提高对法律法规和企业规章制度的认识和执行能力，降低采购法律风险。

（6）建立风险预警机制

企业应加强风险预警，由专人或部门负责风险管控，及时发现潜在的法律风险，并制定相应的应对措施，以降低风险对企业的影响。

4.3.2　确保采购质量

确保采购质量，可以为企业提供可靠、稳定、符合要求的产品和服务，从而支持企业的整体运营和发展。主要措施有：

（1）明确质量标准和要求

企业在制定采购需求和选择供应商时，应明确所需产品或服务的质量标准和要求，确保采购的物品或服务能够满足企业的实际需求。

（2）供应商评估与选择

建立供应商评估体系，对供应商的质量管理能力、生产设备、技术水平、质量管理体系等进行全面评估。选择具有良好信誉和稳定质量的供应商，并建立长期合作关系。

（3）样品试制检测

供应商准入前，要求供应商开展样品试制，并进行详细的检测认证，以确保所采购的产品或服务符合企业的质量标准和要求。

（4）严格质量控制

建立严格的质量控制机制，对供应商提供的产品或服务进行定期检查和抽样检测，以确保所采购的物品或服务符合企业的质量要求。

（5）质量反馈与改进

建立质量反馈机制，及时收集用户对采购物品或服务的意见和建议。根据反馈信息进行质量分析和改进，不断提高采购质量。

（6）提高采购人员素质

加强采购人员的质量意识和质量管理能力培训，使采购人员了解、掌握企业的质量标准和要求，以确保采购质量。

（7）供应商培养

与供应商建立长期合作关系，必要时提供技术支持，通过定期的质量评审和沟通，及时发现和解决质量问题，共同改进产品和服务的质量。

4.3.3　避免违规操作

企业的采购活动通常涉及财务较多，容易发生违规行为，造成企业声誉、经济等方面的恶劣影响。因此，企业必须严格规范采购的行为准则，对品类管理、供应商寻源、供应商开发、供应商绩效管理、价格谈判、合同管理、采购员及采购相关业务部门领导等关键岗位人员进行约束，明确廉洁从业、不相容职责分离与岗位轮岗等相关要求。主要措施有：

1）在采购与供应管理业务实施过程中不允许接受或索取供应商的礼金、有价证券、支付凭证等以及供应商的各种福利待遇，不允许参加供应商组织的旅游、娱乐、健身等与工作无关的活动。

2）不允许收取供应商佣金回扣，或将折扣费等据为己有。

3）不允许在供应商单位入股分红，以及利用职权无偿占用或借用供应商的钱和物，不允许在供应商单位报销应由个人承担的任何费用。

4）不允许从列入黑名单的供应商和被开除的供应商采购，以及从与自己利益相关的供应商采购。

5）不允许在询比价、商务谈判等活动中泄露本单位商业秘密，以及在对供应商考察和评价等过程中，向本单位提供虚假信息。

6）采购与供应管理关键岗位所在部门要根据廉洁从业工作，安排其参加法律法规、审计知识及其他廉洁从业等培训教育活动。

7）建立关键岗位人员清单，并在纪检部门和供应管理部门报备。

8）品类管理、供应商寻源、供应商开发、供应商绩效管理、价格谈判、合同管理岗位与采购员岗位均是两两不相容岗位（不相容岗位是指如果由一个人担任，既可能发生违规行为，又可能掩盖其违规行为的岗位），不相容岗位职责分离，形成各司其职、各负其责、相互制约的工作机制。

9）采购领域的关键岗位，定期进行跨业务或跨部门的轮岗交流。在同一关键岗位任职达一定年限的普通人员，进行岗位交流，并设定轮岗期限。

第5章　生产制造管理

对于制造企业，制造管理能力绝对是企业的基石。制造管理涉及的内容非常广泛，包含了制造环境、制造流程、产能管理、生产活动控制、生产现场管理等，每个环节包含的内容都很丰富，笔者尽可能给出更多的方法和案例，希望能为同行企业提供一定的帮助。

另外要说明一点，相比于其他管理活动，生产制造的管理改进不仅仅是流程模式的变化，企业有可能要投入大量资金成本，因此一定要结合具体的业务场景，根据市场、规模、产品、系统工具等因素，选择最适合的管理方式。

5.1　产品制造环境

企业首先要清楚，自己产品的生产类型是什么，按什么方式组织生产。例如，一个矿泉水制造企业，是不是应该先接到客户订单，再生产矿泉水，然后发货给商店；一个游艇制造企业，是不是应该提前造好一批游艇，等待客户上门挑选。按照常识，矿泉水应该提前生产好，直接发货给商店，等待客户挑选；游艇应该等客户挑选型号，增加定制化设计，再进行生产。这就是不同的产品，要选择不同的制造环境。

5.1.1　类型

一般制造企业划分为按单设计、按单生产、按单装配、库存生产和规模化定制五种生产类型。常见的是前四种，第五种可以理解为一种特殊情况。

(1) 按单设计（Engineer to Order，ETO）

ETO是按照客户要求设计产品，进行定制化开发。这类产品可以看作为某些客户量身打造，所以产量不大，而且技术、工艺往往较为复杂，生产周期也是最长的。

游艇就是一种典型的 ETO 模式，很多航天企业的产品也是客户定制，需要按照任务需求进行产品的设计开发，满足各类性能指标，这也需要采取 ETO 模式。

（2）按单生产（Make to Order，MTO）

MTO 是产品已经完成设计，客户下了订单就能启动生产。采用这种方式，说明产品通用性很好，属于成熟产品，但是生产成本较高，如果提前生产形成库存，占用资金太多。

事实上，很多企业都想采用 MTO 模式，因为节省库存成本。问题在于，接到订单才启动生产，交付周期也很长，仅次于 ETO。所以企业能否采用 MTO 模式，主要取决于客户是否提供足够的研制周期。

（3）按单装配（Assemble to Order，ATO）

ATO 是提前生产好通用的半成品，客户下了订单就启动最终装配。一般选择 ATO 模式的企业，原材料和成品的种类较多，半成品的种类较少（见图 5－1）。

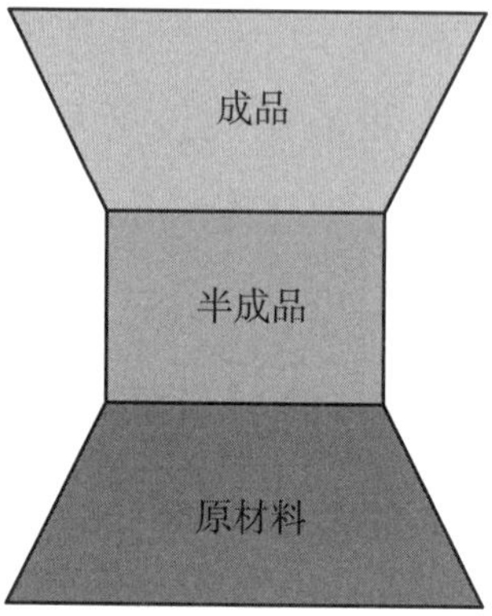

图 5－1　ATO 产品特点

采用 ATO 模式的产品，必须实现模块化设计，通过半成品的配置组合，来满足客户定制化要求。按照这种方式，客户不用等待完整的研制周期，只需要等待装配周期，显著提升了交付速度。当然，如果企业选择 ATO 模式，就要相应承担半成品库存带来的成本压力，需要做好半成品的预测和主生产计划，否则会产生大量的呆滞库存。

有些制造企业是厂家直销。例如，客户网上选择产品配置，企业工厂根据订单进行产品组装，再进行配送，就是 ATO 模式的一种运用。

（4）库存生产（Make to Stock，MTS）

MTS 是提前生产好成品，客户下了订单可以直接取货。能够采用 MTS 模式，一般都是成品的种类少、产量高的企业（见图 5－2）。产品不支持定制开发，单个成品成本相对较低，例如矿泉水制造企业。

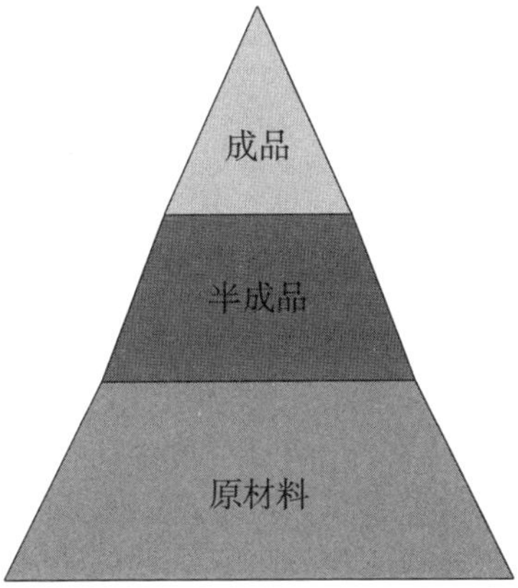

图 5－2　MTS 产品特点

MTS 模式的最大优势，就是客户不需要等待。从成本上看，该模式占用的库存规模是最高的，企业必须把前端的需求管理好，将预测计划作为重中之重。

（5）规模化定制

规模化定制，指产品采用主要来自库存组件的很多不同配置加以制造，而且可被大量快速地组装。

当企业产品特点从多品种、小批量，转变为多品种、多批量时，可以考虑这种生产模式。通过预测，建立一定的通用半成品储备，在生产管理方式上与 ATO 类似。

5.1.2　影响因素

产品适合哪种制造环境，不是由企业自由选择的，而是由客户和产品特点决定的。影响产品制造环境的因素很多，主要有以下四种：

（1）订单提前期

订单提前期是客户可以等待的交付周期。如果按时间排序，从大到小的顺序是 ETO>MTO>ATO>MTS，ETO 花费的时间最多。

买游艇的客户花了大价钱，为了买到中意的产品，愿意长时间等待，所以游艇可以是 ETO 模式。买矿泉水的客户，可能 1 秒都不愿意等，如果没货他们会立刻挑选其他产品，所以矿泉水只能是 MTS 模式。

产品提前期与制造环境的关系，如图 5－3 所示。

ETO交付提前期					ETO模式
设计	采购	制造	装配	发货	
		MTO交付提前期			MTO模式
	库存	制造	装配	发货	
			MTO交付提前期		ATO模式
	制造	库存	装配	发货	
				MTS交付提前期	MTS模式
	制造	装配	库存	发货	

图 5－3　产品提前期与制造环境的关系

（2）客户定制化需求

定制化，就是客户对产品的特殊要求。如果没有定制化需求，可以采用 MTS 或 MTO；如果有定制化需求，基本上只能选择 ATO 或是 ETO。具体选择哪种，需要结合其他因素。

相对而言，ATO 可以满足的定制化程度要低一些，取决于产品的模块化组合数量。例如，对于支持客户定制的计算机制造企业，一般只允许客户在内存容量、硬盘容量等有限范围内进行选择。

（3）产品种类及数量

前两个影响因素与客户有关，后面两个则与产品本身相关。

如果企业产品的种类多、产量低，那么比较适合 ETO 模式。产量低，表明企业很难采取薄利多销的策略，要把盈利点放在客户定制上，用产品的高价格弥补数量不足。

反过来，种类少、产量高，比较适合 MTS 模式。种类少不容易定制，产量高适合大批量生产，可以充分发挥规模效益，例如矿泉水、牙膏等大众商品。

产品种类、数量与制造环境的关系，如图 5－4 所示。

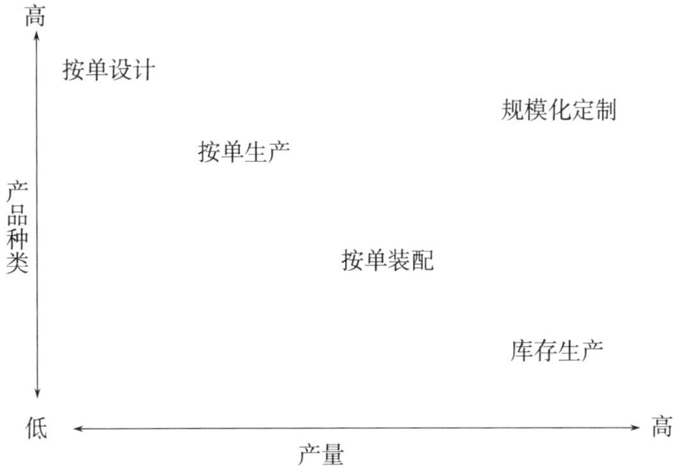

制造环境选择	产量	品种
ETO	低	高
MTO	低—中	中—高
ATO	中—高	低—中
MTS	高	低
规模化定制	高	高

图 5－4　产品产量和种类关系

（4）产品生命周期

产品的全生命周期，可以分为导入、成长、成熟、衰退、淘汰等五个阶段。产品处在不同阶段，会选择不同的制造环境（见图 5－5）。

例如，有两款矿泉水，第一款销量可观，已经成功打入市场；第二款面临淘汰，市场推出了换代产品。前者毫无疑问是 MTS 模式，后者最好采取 MTO 模式。

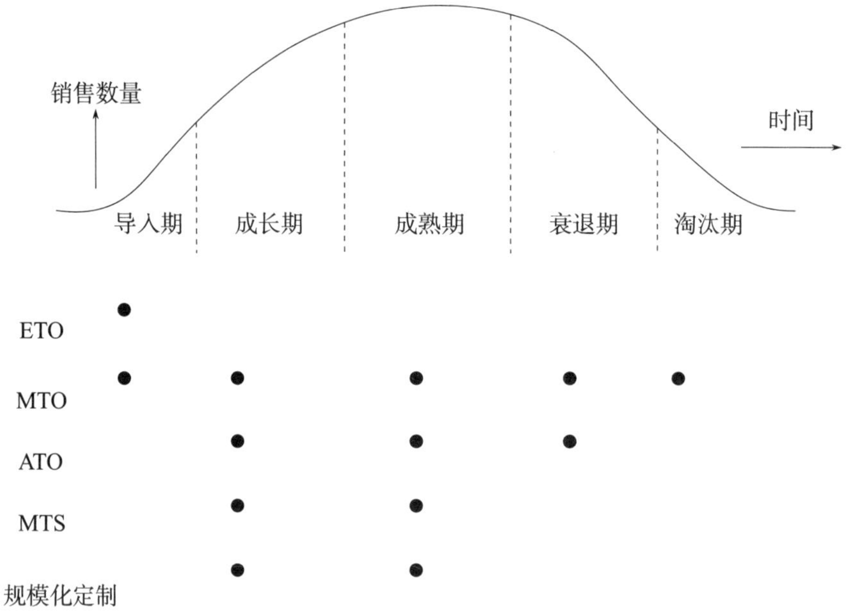

图 5－5　产品全生命周期与制造环境

5.1.3　航天企业制造环境

长期以来，航天企业的产品特点是多品种、小批量，客户可以提供较长的订单提前期，成本上一般没有特殊要求，所以可以采用 ETO 模式，先设计，再生产。

随着市场发展，客户逐渐对产品进度、成本提出更高需求。产品特点不再只是多品种、小批量，还新增了短周期、低成本，ETO 模式已经无法满足客户需求。为此，企业需要推广产品标准化、模块化设计，研发通用产品，缩减产品种类，逐步实现产品制造环境从 ETO 向 MTS、ATO 的转变，提高 MTS、ATO 模式的订单占比。

但对于航天企业，ETO 模式是很难被完全替代的，一些项目始终存在定制化需求，某些产品由于自身特点，也无法实现通用化。因此，在供应链管理上，应当采取差异化的管控方式。在实际生产过程中，按照产品特点进行分类管理，不同类型产品采用不同的生产模式，ETO、MTO、ATO、MTS 四种模式均得到运用。

需要说明一点，ETO 与其他三种模式相比，差异性最大，在 MPS 制定、BOM 构建、MRP 策略选择、库存计划、生产过程控制等方面，都有所区别，虽然这样增加了计划管理的难度和复杂度，但为了满足客户需求，这样做是值得的。

5.2 产品制造流程

当企业清楚产品的制造环境后，就可以设计、改进制造流程。依据制造流程，开展生产线的布局规划和建设工作。相反，如果企业没有弄清楚产品的制造流程，就贸然启动生产线建设，可能会造成资源浪费。

常见的制造流程有三种，分别是间歇生产、流程生产、项目生产。

5.2.1 间歇生产

间歇生产，也称为“间断生产”，与“连续生产”相对应。

间歇生产主要指零件按照特定的加工要求，在不同的加工中心顺序加工，设备通常按照加工功能分组布置，这就形成了一个个的工作中心，如图 5－6 所示。

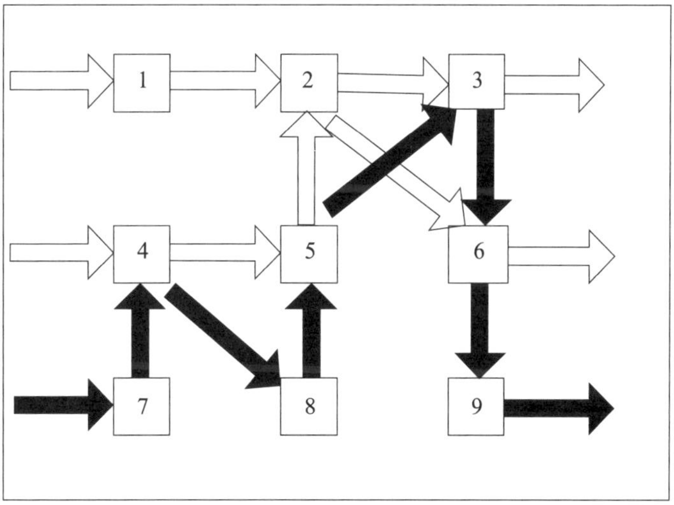

图 5－6　间歇生产模型

产品各个组成部分，可以先在各工作中心平行制造，然后进行最后的总装集成。制造时，各工序间存在一定间歇，加工过程也能停顿，可以形成在制品，或是将半成品生产后储备起来。

(1) 主要优势

1) 可以实施批量生产。

2) 计划调整相对灵活。

3) 工作中心复用性强，可以满足各类产品组合。

(2) 主要劣势

1) 生产效率低，存在排队、等待时间。

2) 生产控制复杂，计划管理成本高。

3) 在制品库存高。

5.2.2 流程生产

流程生产，也称为“连续生产”，与“间断生产”相对应。

流程生产是产品制造的各道工序紧密相连，从放入原材料到完成成品，各个工序顺次连续进行，不间断地生产、输出产品，如图 5-7 所示。

化工厂、水泥厂、冶炼厂等类型企业，基本上都是流程生产。一些能采用流水线作业的产品，例如汽车、药品、手机等，其制造企业也可以实施流程生产模式。

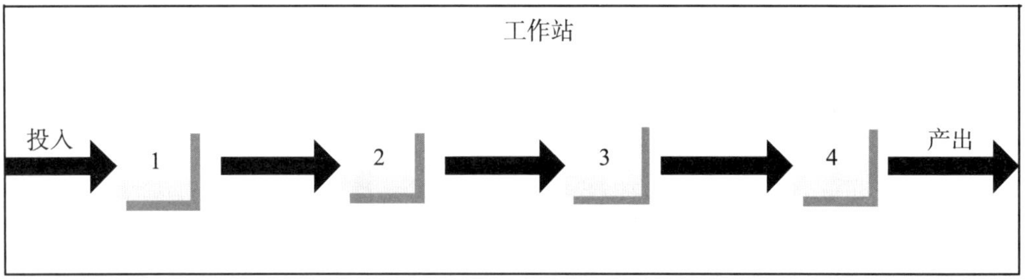

图 5-7 流程生产模型

(1) 主要优势

1) 产量高，并且稳定。

2）工作流程固定，计划实施和控制相对容易。

3）在制品库存低。

（2）主要劣势

1）生产设备的能力固定，更换产品类型代价大，涉及生产线改造。

2）计划不容易调整，一旦开工，停产成本高。

3）仅适合品种少、产量高的产品。

5.2.3　项目生产

项目生产，顾名思义是根据项目配置生产资源，一般涉及大型或特殊产品。例如建筑行业，没有固定的生产地点，建筑地址在哪，就要把建材、设备搬到哪。而且，不同的建筑项目，可能需要不同的生产工艺流程，采用不同的设备配置。

（1）主要优势

1）地点固定，人员集中，生产效率高。

2）设备、物料都围绕项目配置，减少流转环节。

（2）主要劣势

1）只适合特定产品，适用范围有限。

2）项目切换，需重新配置生产资源，要花费一定代价。

5.2.4　生产线布局

当企业明确了产品的制造流程后，就要开展生产布局的规划建设。生产布局可以分为四类：固定位置布局、功能布局、单元式布局、产品布局。

一般来说，项目生产选择固定位置布局。间歇生产选择功能布局，或是单元式布局。流程生产选择产品布局。产品制造流程和生产布局的关系矩阵图，如图 5－8 所示。

可以看出，制造流程和生产布局不完全一一对应，企业还要结合具体的制造环境、影响因素，根据自身情况进行选择。

例如：很多航天企业具备多品种、小批量的产品特点，一般会采用间歇生

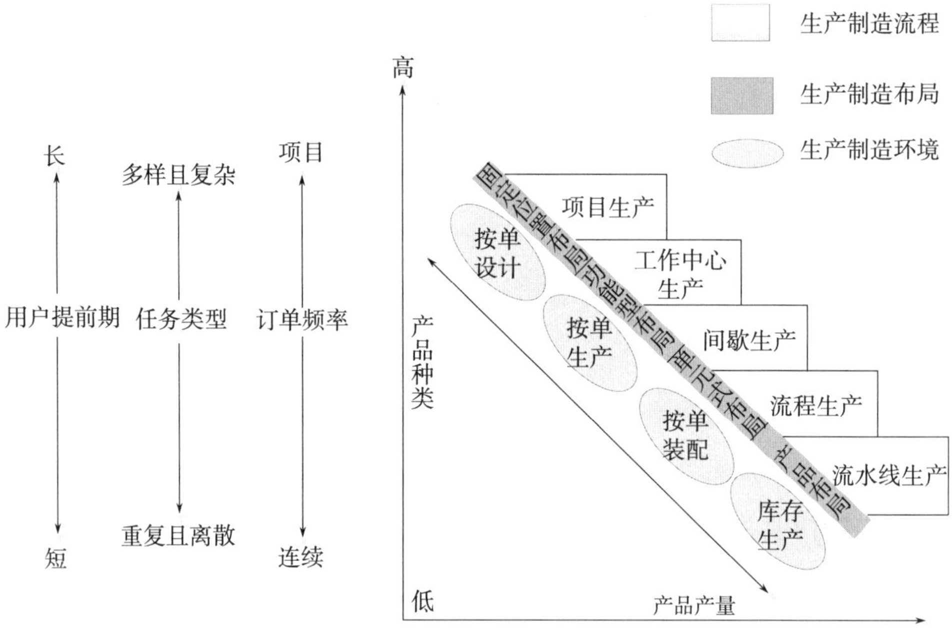

图 5－8　产品制造流程和生产布局的关系矩阵图

产制造流程。按照产品工艺，划分职能部门，设置一连串的生产、装配、测试、试验等工作中心。

如果条件允许，可以将工作中心进行合理的调整分配，形成一个个单元式布局，提高生产效率。

5.2.5　实践案例

一般情况下，如果企业产品种类单一，产品生产过程和工艺较为简单，可以依靠管理人员的经验和能力，直接开展生产线布局优化工作。相反，如果产品种类多，且生产过程复杂，则很难通过人工方式调整布局，需要依托专业化系统工具。

以某企业为例，借助 Anylogic 仿真模式，开展产品生产线布局优化，以满足订单需求。

（1）建立生产线模型

按照产品工艺流程，建立产品生产过程的仿真模型，如图 5－9 所示。

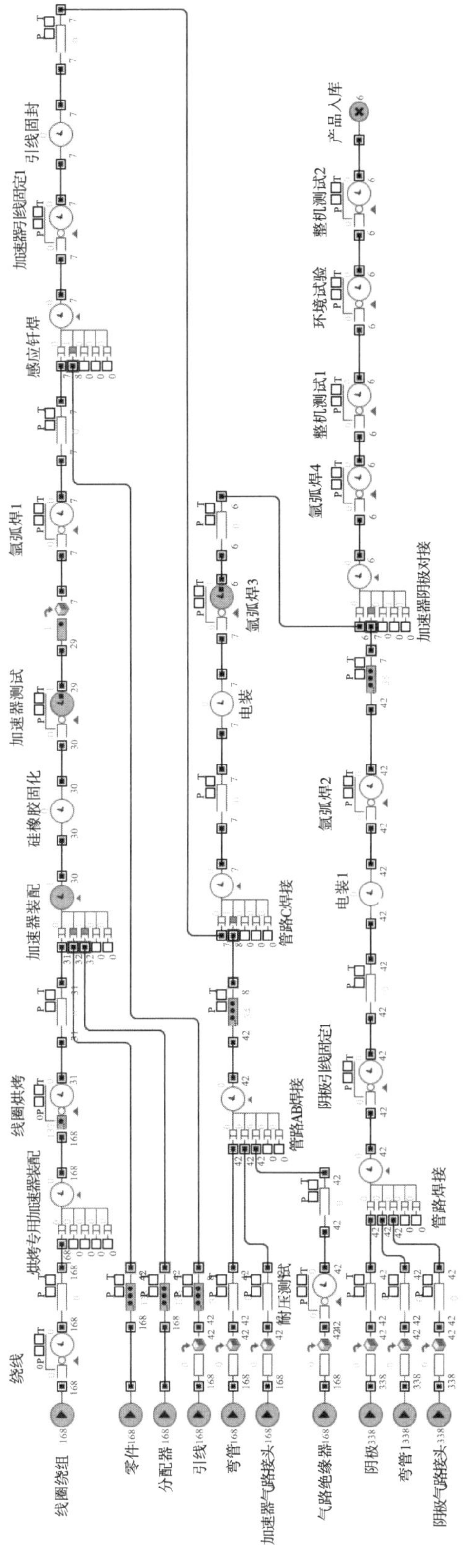
线圈绕组
零件
分配器
引线
弯管
加速器气路接头
气路绝缘器
阴极
弯管1
阴极气路接头
绕线
烘烤专用加速器装配
线圈烘烤
加速器装配
硅橡胶固化
加速器测试
氩弧焊1
感应钎焊
加速器引线固定1
引线固封
耐压测试
管路AB焊接
管路C焊接
电装
氩弧焊3
管路焊接
阴极引线固定1
电装1
氩弧焊2
加速器阴极对接
氩弧焊4
整机测试1
环境试验
整机测试2
产品入库

图 5－9　生产线仿真模型

（2）设置工序工期

按照建立的模型，设置每道工序的工期时间，用于仿真验证，见表 5－1。

表 5－1　工序参数设置

工序名称(工作内容)	工期设置
线圈绕组绕线	1 天/台
加速器测试	3 天/台
环境试验	7 天/4 台
...	...

（3）计算仿真结果

按一定输入条件，计算该产品的仿真结果为：年产量 28 台，如图 5－10 所示。

（4）分析优化

从仿真结果中可以得出，该产品零件积压严重，且地面试验环节存在设备瓶颈。采取的优化工作包含：

1）补充地面试验设备，建议补充 3 台。

2）优化组批数量，建议增加至 12 台/批。

3）优化地面试验次数，建议减少 2 次试验。

（5）仿真验证

根据调整后的参数再次进行仿真验证。

依据仿真结果（见图 5－11），产品产量超过 132 台/年的概率为 100%，产量超过 140 台/年的概率为 70.6%，见表 5－2。

表 5－2　产量概率分布

产量	132	134	136	138	140	142	144	146
产量概率分布(%)	0.20	2.60	1.20	25.40	34.00	28.80	7.60	0.20
产量达成概率(%)	100.0	99.80	97.20	96.00	70.60	36.60	7.80	0.20

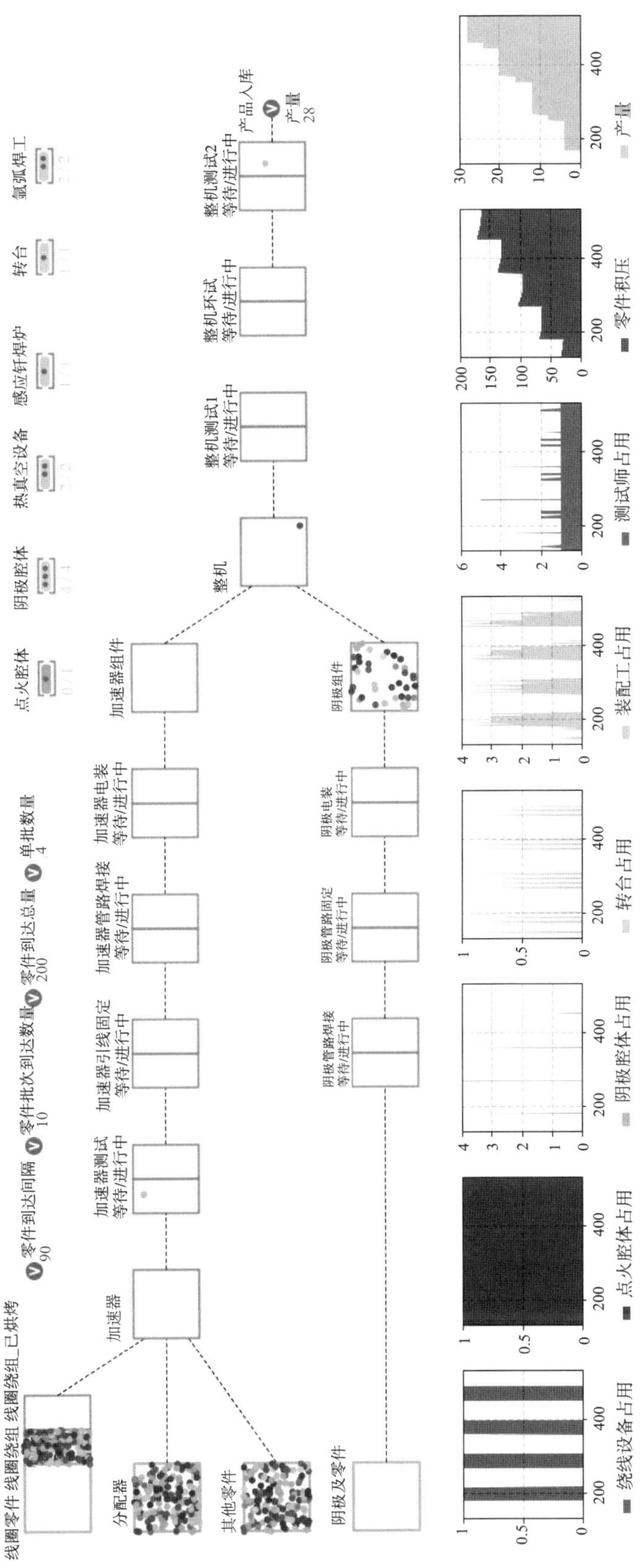

图 5－10　仿真结果（优化前）

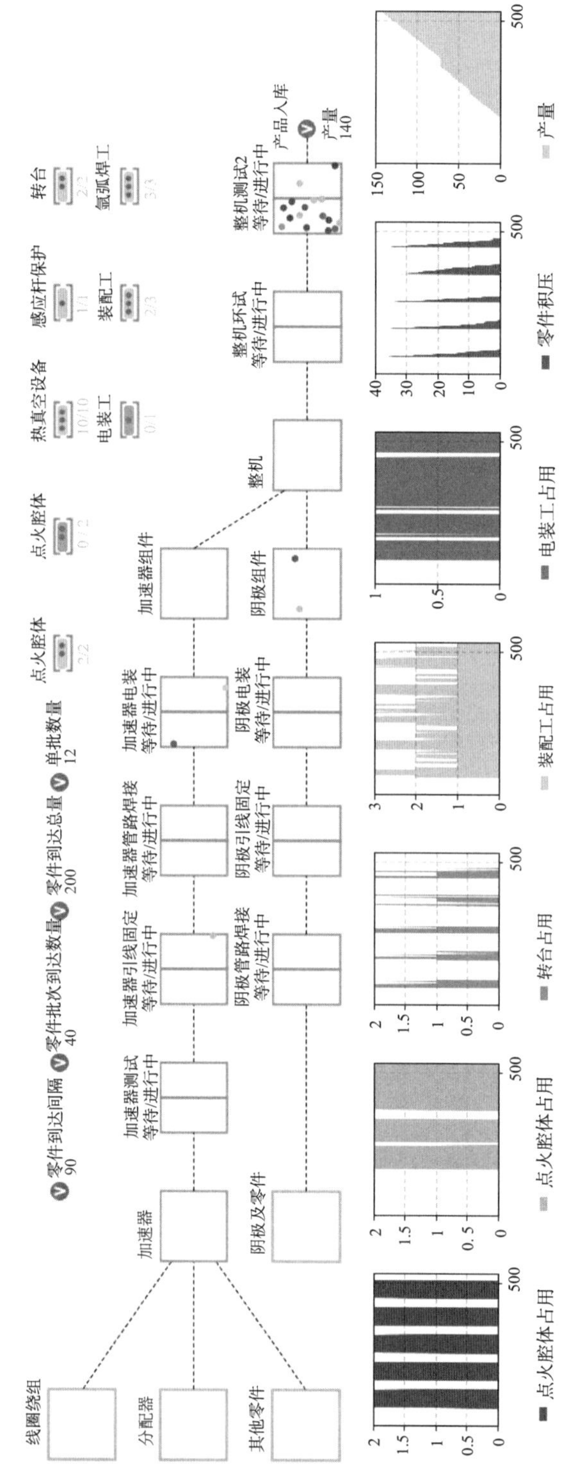

图 5－11　仿真结果（优化后）

5.3　产能管理

当企业完成生产线布局规划和建设后，就要开始组织生产。这时候会面临一个问题：产能管理。

5.3.1　产能的内涵

产能就是生产能力，反映了企业在单位工作时间内的产品产出数。这是由设备、人员、场地等生产资源，以及产品的工艺、流程、管理水平等因素综合决定的。

产能管理，就是对企业生产能力的设定、测量、调整和监控的过程。

（1）设定

一个企业的产能不是一成不变的，当市场环境发生变化，订单数量呈现增长或减少趋势时，就需要对产能进行调整。根据预测，预先规划好未来的产能需求，补充或减小产能。

（2）测量

企业需要对产能量化进行评估，有了量化数据才能进行决策，企业应该承接多少订单，每天的生产任务如何分配。

如果企业是流程生产，采取了产品布局，那么就有固定的生产节拍，量化起来相对容易。如果是其他生产布局，产能跟生产资源、产品工艺、管理水平等都有关，量化起来会有难度。需要掌握科学的方法。

（3）调整

企业追求供需平衡，但订单和能力不会完全匹配。有时候订单少，有大量富余产能，有时候订单多，超过了产能负荷。所以，企业要考虑市场需求，通过 S&OP、MPS 等计划，调节生产能力，实现削峰填谷。以空间换时间，通过库存满足客户需求。

相对而言，ETO 和 MTO 是接单生产，库存很少，产能调整空间有限。ATO 和 MTS 是通过预测生产，有较大操作空间，也更需要精确的产能数据。

（4）监控

产能管理是一个闭环过程。一方面，在制定 S&OP、MPS 等计划的过程中，要校验产能使用情况，产能负荷过高或过低时，要适时进行计划调整。另一方面，当设备、人员、产品出现异常情况，影响产能时，要及时更新产能数据，确保计划的可执行性。

在 MPC 系统中，产能被分成五个层级，分别为资源计划、粗产能计划、能力需求计划、有限负荷、输入/输出分析[1]，如图 5－12 所示。

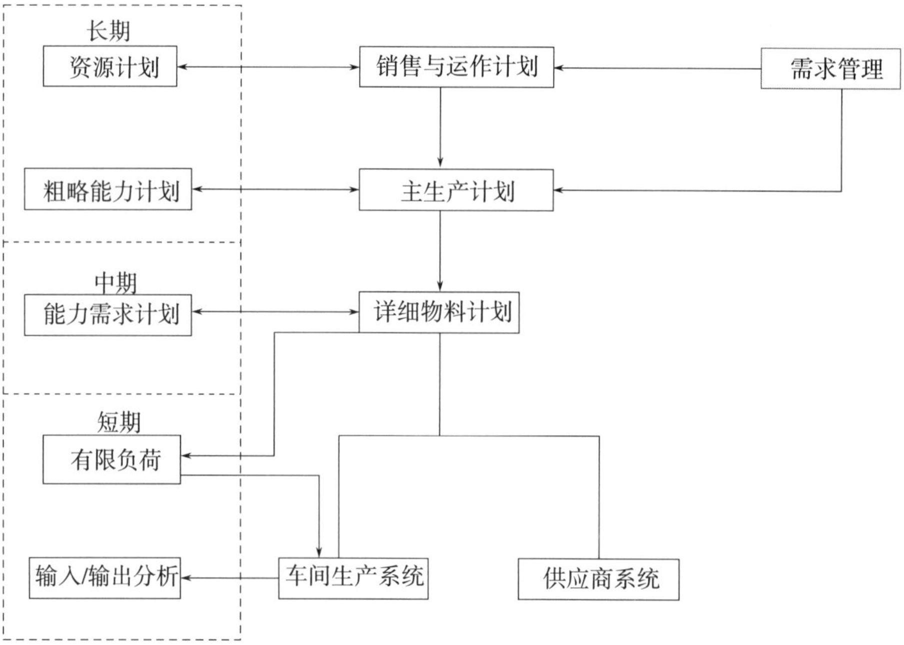

图 5－12　生产能力计划

5.3.2　资源计划

资源计划（Resource Plan，RP）验证 S&OP 的资源可用性。

S&OP 的计划对象是产品族，时间覆盖范围 1～3 年。用于校验 S&OP 可行性的，一般都是综合类或瓶颈类的产能，比较常见的有车间总工时、关键设备总台数、关键物料的总储备量等。

要做好资源计划，除了掌握产能数据，还要知道产品族对产能的需求情况。如果产品族所需产能不止一种，那应该都纳入校验范围。

某企业利用产能管理中的资源计划，对 S&OP 的可行性进行校验和约束。实施过程可以分成四个步骤：

（1）资源计划

资源计划参数设置，见表 5－3。

表 5－3　资源计划参数设置

序号	资源计划	数量(每月)
1	车间总工时	1 000(小时)
2	测试设备	10(台)
3	光学器件	50(个)

（2）资源清单

资源清单参数设置，见表 5－4。

表 5－4　资源清单参数设置

产品族		车间总工时	测试设备	光学器件
产品族Ⅰ	产品 A	10	0.5	1
	产品 B	10	0.5	1
产品族Ⅱ	产品 C	20	1	1
	产品 D	25	1.5	1

（3）S&OP 计划

S&OP 计划所需资源，见表 5－5。

表 5－5　S&OP 计划所需资源

产品族	2021 年					
	1 月	2 月	3 月	6 月	9 月	12 月
产品 A	10	10	10			10
车间总工时	100	100	100			100
测试设备	5	5	5			5
光学器件	10	10	10			10
产品 B	5	5	5			5
车间总工时	50	50	50			50
测试设备	2.5	2.5	2.5			2.5

续表

产品族	2021 年					
	1 月	2 月	3 月	6 月	9 月	12 月
光学器件	5	5	5			5
产品 C	3	3		3	3	3
车间总工时	60	60		60	60	60
测试设备	3	3		3	3	3
光学器件	3	3		3	3	3
产品 D	5	5		5	5	5
车间总工时	125	125		125	125	125
测试设备	7.5	7.5		7.5	7.5	7.5
光学器件	5	5		5	5	5
合计						
车间总工时	335	335	150	185	185	335
测试设备	18	18	7.5	10.5	10.5	18
光学器件	23	23	15	8	8	23

（4）资源计划校验

将表 5－5 结果与表 5－3 的资源计划进行校验，我们会发现，车间总工时和光学器件满足计划，但是测试设备存在产能缺口。这时候需要调整 S&OP 以满足资源计划，但这只解决短期需求，如果产能缺口长期存在，就需要补充测试设备。

产能资源调整，也正是 S&OP 中的“O”，运作计划的主要职能。

5.3.3　粗产能计划

粗产能计划（Rough Cut Capacity Planning，RCCP）验证 MPS 的资源可用性。

MPS 的计划对象是产品，时间覆盖范围 3～18 个月。用于校验 MPS 可行性的，一般是具体的工作中心的产能。

MPC 系统给出三种粗产能计划的计算方法，分别为能力计划总体因素法、生产能力清单法、资源剖析法[1]。

资源剖析法是最复杂的一种评估方法，除了考虑工作中心产能，还考虑产品的生产提前期。如果产品的研制周期较长，建议采用资源剖析法，这样计算出的产能结果会更精准。

企业在实际运用粗产能计划时，通常会利用信息化工具，将产能数据与主生产计划结合起来，以实现对计划的快速评估与调整。图 5－13、图 5－14 为某企业装配中心和测试中心的粗产能计划结果，可以看出装配中心的产能已经超过产能负荷，计划显然无法按时完成，而测试中心的产能仍有富余。

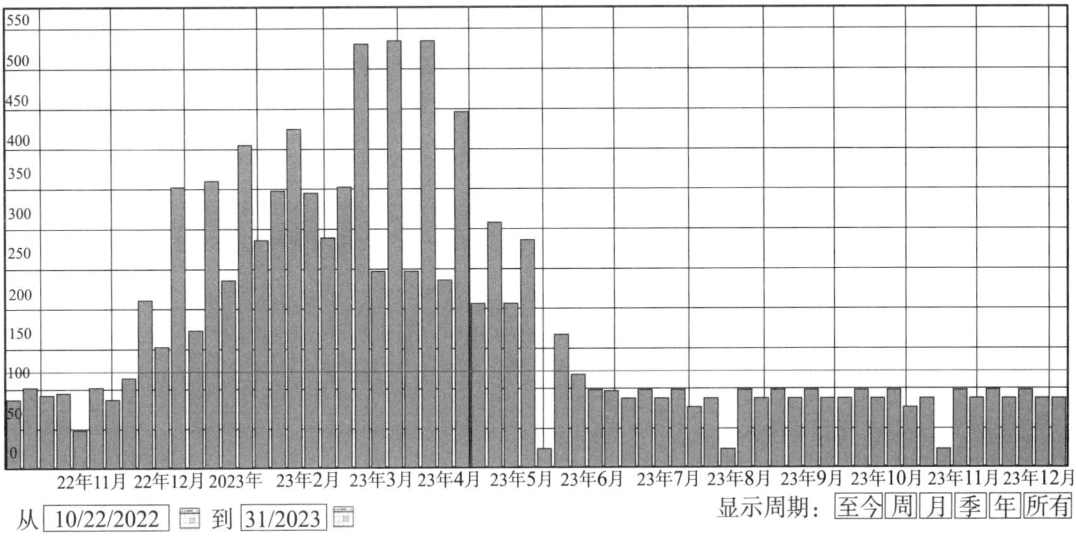

图 5－13　装配中心

事实上，计划人员往往面临两难选择，由于两个工作中心的产品存在耦合关系，如果让装配中心产能满足计划需求，测试中心的空闲率会更高，这时候就需要从组织层面进行考虑，例如及时调整工作中心人员配比，以保障整体产能的最大利用率。

某企业利用产能管理中的粗产能计划，对 MPS 的可行性进行校验和约束。

案例中，假设企业产品的研制周期在 4 个月，粗产能计划应用了资源剖析法，整个评估过程可以分为八个步骤：

（1）规划产品族

对产品进行产品族分类，将相近工艺路线的产品划分为一类。产品族数量不宜过多，每个品类的产品族控制在 10 个以内。

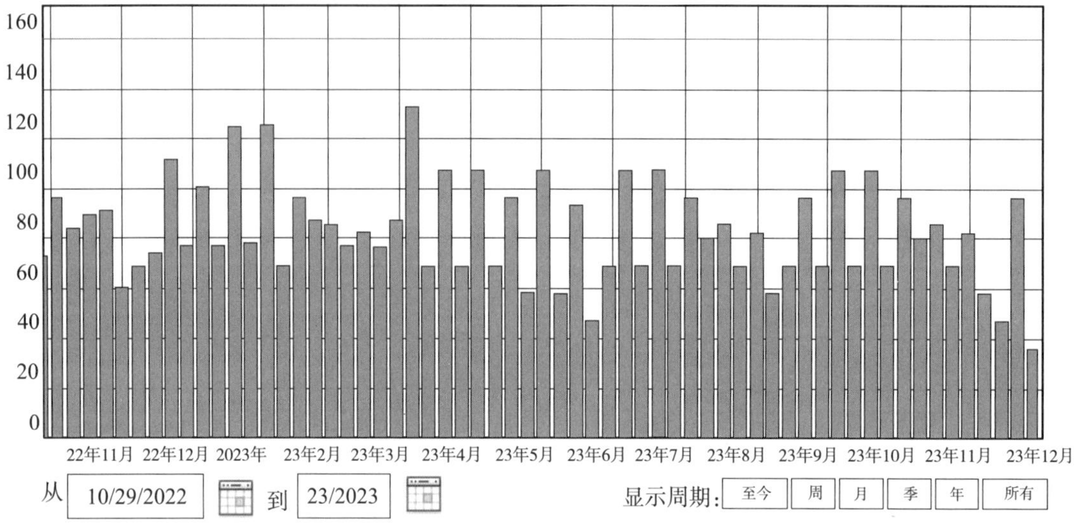

图 5-14　测试中心

（2）分解关键组件

按 BOM 对产品的关键组件进行梳理和拆分，组件不需要全部覆盖，重点选择存在资源瓶颈的组件。

（3）梳理工艺路线

按 BOM 对产品的工艺路线进行梳理和拆分，工艺路线可以适当合并，与工作中心进行匹配。通常采用的时间颗粒度为周。以企业的某款产品为例，见表 5-6。

表 5-6　某产品工艺路线

序号	主要工序	具体活动	周期(周)
1	组件准备	出库、清洗、安装、检漏等	1
2	装配	装轴承、装电机、装轮体、动平衡等	1
3	测试	动平衡后测试、粘镜、检漏、密封等	2
4	环试	环试、复测等	4

（4）确定工作中心

根据产品族、组件、工艺路线，定义工作中心。工作中心设置上可以相对灵活，重点考虑瓶颈工作中心。以某款产品涉及的工作中心为例：

1）处理中心 G100。

2）装配中心G200。

3）测试中心G300。

4）环试中心G400。

（5）设置产能量纲

产能量纲要做到标准化，常用的产能量纲为：工时/周。

（6）评估工作中心产能

评估工作中心产能，一般根据设备的开机时长、人工时长等，见表5-7。

表5-7　工作中心产能

序号	工作中心	设备产能	人员产能	总产能(工时/周)
1	处理中心G100	16(2×8小时)	40(5×8小时)	56
2	装配中心G200	0	80(10×8小时)	80
3	测试中心G300	40(5×8小时)	40(5×8小时)	80
4	环试中心G400	240(10×24小时)	0	240

（7）评估组件当量

根据工艺路线，对产品的每个组件流转经过的每个工作中心的产能需求进行评估。如有批量设置，需要提前确定，见表5-8。

表5-8　产能需求

序号	组件	工作中心	批量产能需求(工时/周)
1	壳体组件	处理中心G100	1
2		装配中心G200	1
3	电机组件	处理中心G100	1
4		装配中心G200	1
5	轮体组件	处理中心G100	0.5
6		装配中心G200	1
7	轴承组件	处理中心G100	1
8		装配中心G200	1
9	整机	装配中心G200	40
10		测试中心G300	40
11		环试中心G400	120

（8）计算产能装载率

根据产品的主生产计划、工艺路线、组件当量，计算产品对工作中心的产能需求。

经过求和，计算产品族对工作中心的产能需求，然后进行比较。下面给出了产能装载率的计算过程，见表 5－9～表 5－11。

表 5－9　某产品 MPS 计划

交付时间	11 周	12 周	13 周	14 周	15 周	16 周	17 周	18 周	19 周	20 周	21 周	22 周
数量								10				5

表 5－10　某产品产能需求

交付时间	11 周	12 周	13 周	14 周	15 周	16 周	17 周	18 周	19 周	20 周	21 周	22 周
数量								10				5
组件准备	4			4								
装配		88	88		44	44						
测试			80	80		40	40					
环试					240	240	240	360	120	120	120	

表 5－11　工作中心产能

序号	工作中心	设备产能	人员产能	总产能(工时/周)
1	处理中心 G100	16(2×8 小时)	40(5×8 小时)	56
2	装配中心 G200	0	80(10×8 小时)	80
3	测试中心 G300	40(5×8 小时)	40(5×8 小时)	80
4	环试中心 G400	240(10×24 小时)	0	240

通过与工作中心对比，识别出第 12 周/13 周的装配中心，以及第 18 周的环试中心不满足产能需求。

5.3.4　能力需求计划

能力需求计划（Capacity Requirements Planning，CRP）验证 MRP 的资源可用性。

能力需求计划与粗产能计划在功能上比较接近，都是为了平衡工作中心的产能负荷，保证计划的可执行性。区别在于，能力需求计划的结果更精准，但是计算过程更复杂，所需要的输入条件更多，而且必须依靠系统的 MRP 运算功能。

表 5－12 展示了两种产能方法的对比情况。

表 5－12　产能计划对比

对比	粗产能计划	能力需求计划	备注
使用阶段	MPS 制定	MRP 运算	
产能对象	工作中心	工作中心	RCCP 可以只选瓶颈工作中心校验，CRP 一般选择全部
计划输入	MPS	MPS，未完成计划单	
库存	不考虑	考虑	
在制品	不考虑	考虑	

企业要实施能力需求计划，先要运用粗产能计划中的资源剖析法，获得产品的工艺路线、标准工时、零组件提前期、工作中心产能等信息，再结合 MRP 运算获得的计划订单、库存数量、在制品数量等信息，这样计算出的产能需求会更准确。通常情况下 CRP 计算结果要低于 RCCP，因为库存、在制品会减少对产能的需求。

讲到这里，MPC 系统中的三个关键计划（S&OP、MPS、MRP），都介绍了对应的产能计划管理方法。RP 和 RCCP 的计算和运用比较容易，使用 CRP 要复杂一些，企业可以根据自身实际，酌情考虑。

5.3.5　有限负荷

在 MPC 系统中，有限负荷被看作单独一层产能计划，也有一些相关书籍，把有限负荷看为 CRP 系统的一部分。

有限负荷是相对于无限负荷的。在计算 CRP 时，如果我们将系统设置成无限负荷，MRP 运算过程就不会考虑产能情况，即使产能不满足，系统依然按照标准运算逻辑，给出物料的采购和生产计划。

相反，如果系统是有限负荷，那么 MRP 运算过程就要考虑设置的工作中心产能负荷，采购与生产计划不能超过负荷上限。

例如，一个加工中心的产能是 100 小时/周，MPS 本周的工时需求是 200

小时。按照无限产能，MRP 计算后，会要求本周释放全部计划单。按有限产能，会要求本周释放一半的计划单，即 100 小时，剩余的下周再释放。

业内有实施有限负荷的专业级软件，例如高级排程系统（Advanced Planning and Scheduling，APS）。APS 可对物料、设备、人员等资源进行管理和监控，具备约束能力、模拟能力，如果企业的工序流程复杂，生产资源统筹困难，可以通过 APS 进行生产排程优化。当然，这对于企业的管理水平和生产数据质量来说，都是一项考验。

5.3.6 输入/输出分析

前面介绍的几种产能计划，主要作用在计划的制定阶段，让前端下达的计划，能够尽可能与企业的产能相匹配，这样可以保证计划的可执行性。

但供应链在实际运行中会出现各种意外，真实的计划、产能可能会与理想情况存在偏差。所以，我们需要对执行过程进行监控。

输入/输出分析，就是为了监控这种偏差，通过获得工作中心的输入和输出数据，分析偏差状况，不断调整计划，维持工作中心的动态平衡。

通用的输入/输出分析报告，见表 5－13。

表 5－13 输入/输出分析报告

时间	第 1 周	第 2 周	第 3 周	第 4 周	第 5 周
计划输入	10	10	5	5	10
实际输入	9	9	4	6	10
累计偏差	－1	－2	－3	－2	－2
计划输出	8	8	8	8	8
实际输出	7	6	5	6	7
累计偏差	－1	－3	－6	－8	－9
实际积压订单 5 个	7	10	9	9	12

根据报告，企业可以分析工作中心目前的生产状况，计划是否合理，积压订单呈现什么趋势，并采取相应对策。

例如：某个工作中心产能 100 小时/周，下达的 MPS 所需产能也是 100 小时/周。按理说计划与产能匹配，产品应该可以按时完成。但企业在进行输入/

输出分析后，发现产品只交付了一半。经过分析，发现是由于一种关键物料缺料，导致生产线无法满负荷开工。这时候企业就需要做出响应，要么采购部门尽快补充缺料，要么计划部门调整 MPS。

5.4　生产活动控制

企业弄清楚产能，并结合产能层层制定好计划，那么就进入了具体的采购与生产执行环节，也就是生产活动控制（Production Activity Control，PAC）。

PAC 的主要目标有：

1）执行 MRP 分解的计划。

2）统筹协调生产线资源，提高资源利用率。

3）优化生产节奏，减少在制品库存。

4）缩短交期，提高客户满意度。

MPC 系统展示了通用的生产作业控制模型[1]，如图 5 - 15 所示。

需要注意的是，MPC 系统把车间计划与控制、采购计划与跟踪两个部分都纳入了 PAC 管理范畴。有些企业是把内部生产和外协采购分开管理的，PAC 只负责内部生产。

事实上，外协采购包含了两部分内容，一个是供应商管理，包括供应商准入、谈价、合同签订、履约、绩效评价、淘汰机制等。另一个是采购执行，包括采购订单的下达、追踪、闭环等。供应商管理跟 PAC 没有任何关系，但是采购执行可以借鉴 PAC 的方法和技巧。所以，是否将外协采购也纳入 PAC 管理，可以由企业自己决定。

PAC 的主要活动包含了计划管理、控制管理、瓶颈资源管理。

5.4.1　计划管理

计划管理主要有生产准备和生产排程两项活动。

（1）生产准备

在将工单释放到生产车间之前，要先确认生产准备情况，确保工单所需物

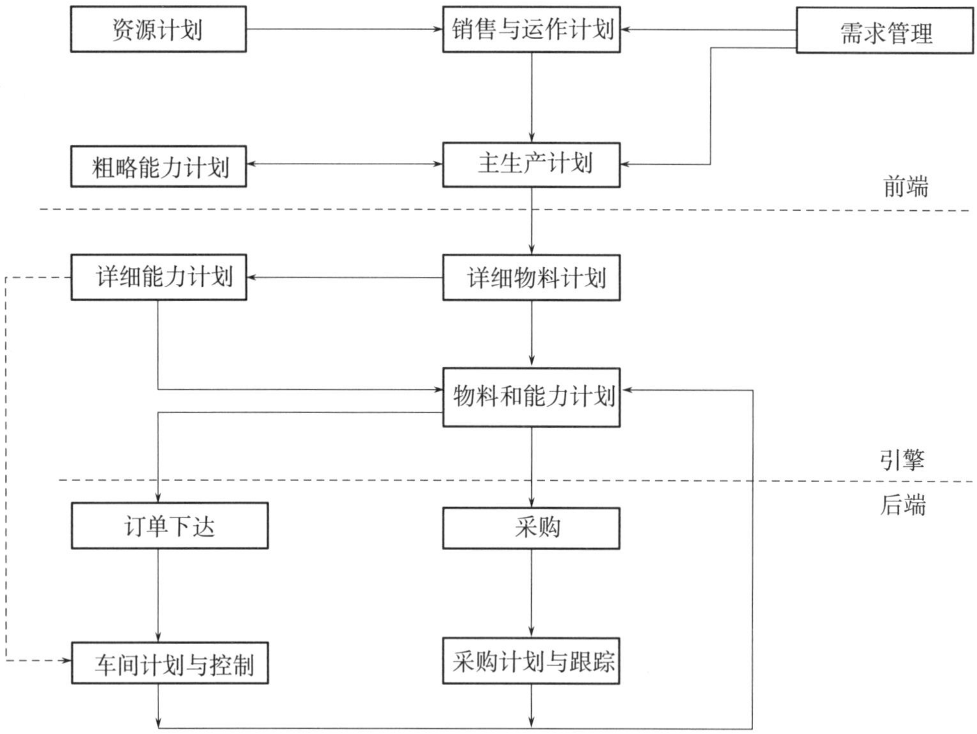

图 5－15　生产作业控制

料、工艺路线、操作规范、生产数据包等资源已经具备使用条件了。

例如，企业可以在计划单转工单环节制定工作日历，转单前先完成物料齐套性检查（Available to Promise，ATP），确保上线工单可以正常执行，不会因为缺料等原因暂停，否则既浪费了生产资源，又增加了在制品库存成本。

实际的生产管理可以灵活运用，如果遇到紧急任务，经过评估应允许提前释放。

借助 ERP 系统，计划人员可以快速查询和追踪缺料计划，如图 5－16 所示。

（2）生产排程

MRP 给出的计划是系统建议的开始时间和完成时间，中间具体的计划执行过程，要依靠 PAC 的排程来确定。

一般情况下，排程要细化到产品的每一个组件、每一道工序。排程的技术有很多，最常见的是甘特图法，如图 5－17 所示。

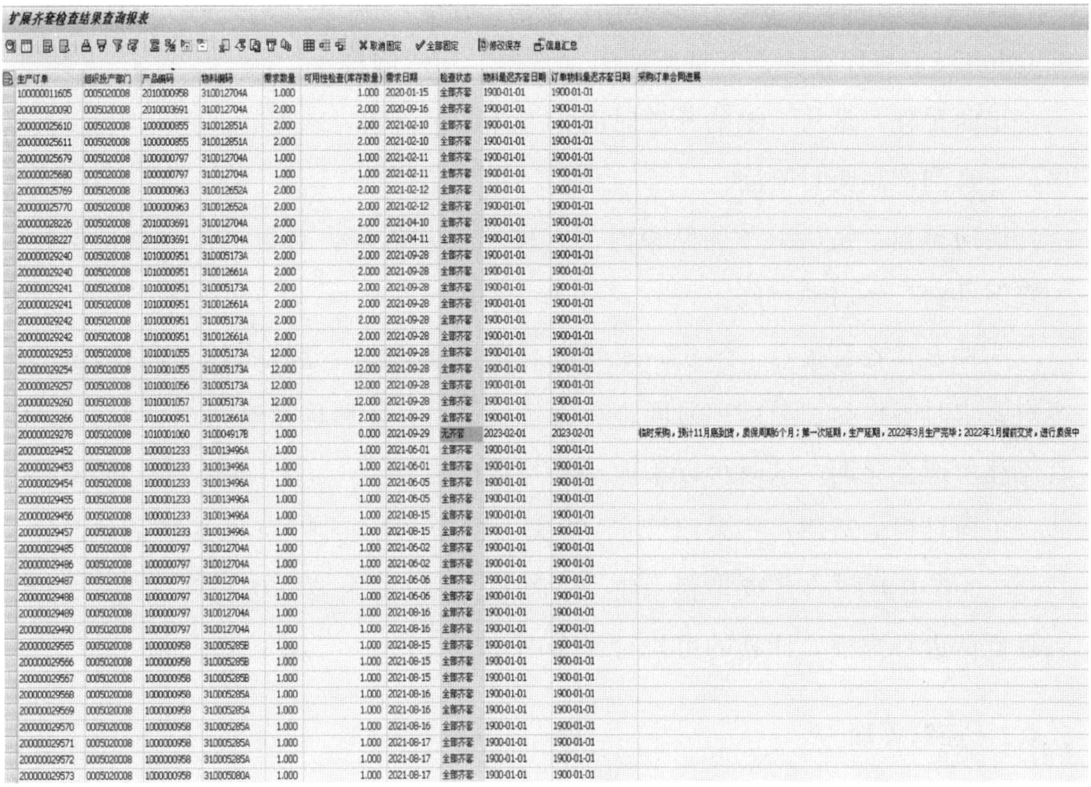

扩展齐套检查结果查询报表

生产订单	组织投产部门	产品编码	物料编码	需求数量	可用性检查(库存数量)	需求日期	检查状态	物料最迟齐套日期	订单物料最迟齐套日期	采购订单合同进展
100000011605	0005020008	2010000958	310012704A	1.000	1.000	2020-01-15	全部齐套	1900-01-01	1900-01-01	
200000020090	0005020008	2010003691	310012704A	2.000	2.000	2020-09-16	全部齐套	1900-01-01	1900-01-01	
200000025610	0005020008	1000000855	310012851A	2.000	2.000	2021-02-10	全部齐套	1900-01-01	1900-01-01	
200000025611	0005020008	1000000855	310012851A	2.000	2.000	2021-02-10	全部齐套	1900-01-01	1900-01-01	
200000025679	0005020008	1000000797	310012704A	1.000	1.000	2021-02-11	全部齐套	1900-01-01	1900-01-01	
200000025680	0005020008	1000000797	310012704A	1.000	1.000	2021-02-11	全部齐套	1900-01-01	1900-01-01	
200000025769	0005020008	1000000963	310012652A	2.000	2.000	2021-02-12	全部齐套	1900-01-01	1900-01-01	
200000025770	0005020008	1000000963	310012652A	2.000	2.000	2021-02-12	全部齐套	1900-01-01	1900-01-01	
200000028226	0005020008	2010003691	310012704A	2.000	2.000	2021-04-10	全部齐套	1900-01-01	1900-01-01	
200000028227	0005020008	2010003691	310012704A	2.000	2.000	2021-04-11	全部齐套	1900-01-01	1900-01-01	
200000029240	0005020008	1010000951	310005173A	2.000	2.000	2021-09-28	全部齐套	1900-01-01	1900-01-01	
200000029240	0005020008	1010000951	310012661A	2.000	2.000	2021-09-28	全部齐套	1900-01-01	1900-01-01	
200000029241	0005020008	1010000951	310005173A	2.000	2.000	2021-09-28	全部齐套	1900-01-01	1900-01-01	
200000029241	0005020008	1010000951	310012661A	2.000	2.000	2021-09-28	全部齐套	1900-01-01	1900-01-01	
200000029242	0005020008	1010000951	310005173A	2.000	2.000	2021-09-28	全部齐套	1900-01-01	1900-01-01	
200000029242	0005020008	1010000951	310012661A	2.000	2.000	2021-09-28	全部齐套	1900-01-01	1900-01-01	
200000029253	0005020008	1010001055	310005173A	12.000	12.000	2021-09-28	全部齐套	1900-01-01	1900-01-01	
200000029254	0005020008	1010001055	310005173A	12.000	12.000	2021-09-28	全部齐套	1900-01-01	1900-01-01	
200000029257	0005020008	1010001056	310005173A	12.000	12.000	2021-09-28	全部齐套	1900-01-01	1900-01-01	
200000029260	0005020008	1010001057	310005173A	12.000	12.000	2021-09-28	全部齐套	1900-01-01	1900-01-01	
200000029266	0005020008	1010000951	310012661A	2.000	2.000	2021-09-29	全部齐套	1900-01-01	1900-01-01	
200000029278	0005020008	1010001060	310004917B	1.000	0.000	2021-09-29	无齐套	2023-02-01	2023-02-01	临时采购，预计11月底到货，质保周期6个月；第一次延期，生产延期，2022年3月生产完毕；2022年1月提前交货，进行质保中
200000029452	0005020008	1000001233	310013496A	1.000	1.000	2021-06-01	全部齐套	1900-01-01	1900-01-01	
200000029453	0005020008	1000001233	310013496A	1.000	1.000	2021-06-01	全部齐套	1900-01-01	1900-01-01	
200000029454	0005020008	1000001233	310013496A	1.000	1.000	2021-06-05	全部齐套	1900-01-01	1900-01-01	
200000029455	0005020008	1000001233	310013496A	1.000	1.000	2021-06-05	全部齐套	1900-01-01	1900-01-01	
200000029456	0005020008	1000001233	310013496A	1.000	1.000	2021-08-15	全部齐套	1900-01-01	1900-01-01	
200000029457	0005020008	1000001233	310013496A	1.000	1.000	2021-08-15	全部齐套	1900-01-01	1900-01-01	
200000029485	0005020008	1000000797	310012704A	1.000	1.000	2021-06-02	全部齐套	1900-01-01	1900-01-01	
200000029486	0005020008	1000000797	310012704A	1.000	1.000	2021-06-02	全部齐套	1900-01-01	1900-01-01	
200000029487	0005020008	1000000797	310012704A	1.000	1.000	2021-06-06	全部齐套	1900-01-01	1900-01-01	
200000029488	0005020008	1000000797	310012704A	1.000	1.000	2021-06-06	全部齐套	1900-01-01	1900-01-01	
200000029489	0005020008	1000000797	310012704A	1.000	1.000	2021-08-16	全部齐套	1900-01-01	1900-01-01	
200000029490	0005020008	1000000797	310012704A	1.000	1.000	2021-08-16	全部齐套	1900-01-01	1900-01-01	
200000029565	0005020008	1000000958	310005285B	1.000	1.000	2021-08-15	全部齐套	1900-01-01	1900-01-01	
200000029566	0005020008	1000000958	310005285B	1.000	1.000	2021-08-15	全部齐套	1900-01-01	1900-01-01	
200000029567	0005020008	1000000958	310005285B	1.000	1.000	2021-08-15	全部齐套	1900-01-01	1900-01-01	
200000029568	0005020008	1000000958	310005285A	1.000	1.000	2021-08-16	全部齐套	1900-01-01	1900-01-01	
200000029569	0005020008	1000000958	310005285A	1.000	1.000	2021-08-16	全部齐套	1900-01-01	1900-01-01	
200000029570	0005020008	1000000958	310005285A	1.000	1.000	2021-08-16	全部齐套	1900-01-01	1900-01-01	
200000029571	0005020008	1000000958	310005285A	1.000	1.000	2021-08-17	全部齐套	1900-01-01	1900-01-01	
200000029572	0005020008	1000000958	310005285A	1.000	1.000	2021-08-17	全部齐套	1900-01-01	1900-01-01	
200000029573	0005020008	1000000958	310005080A	1.000	1.000	2021-08-17	全部齐套	1900-01-01	1900-01-01	

图 5 - 16　ATP 检查报表

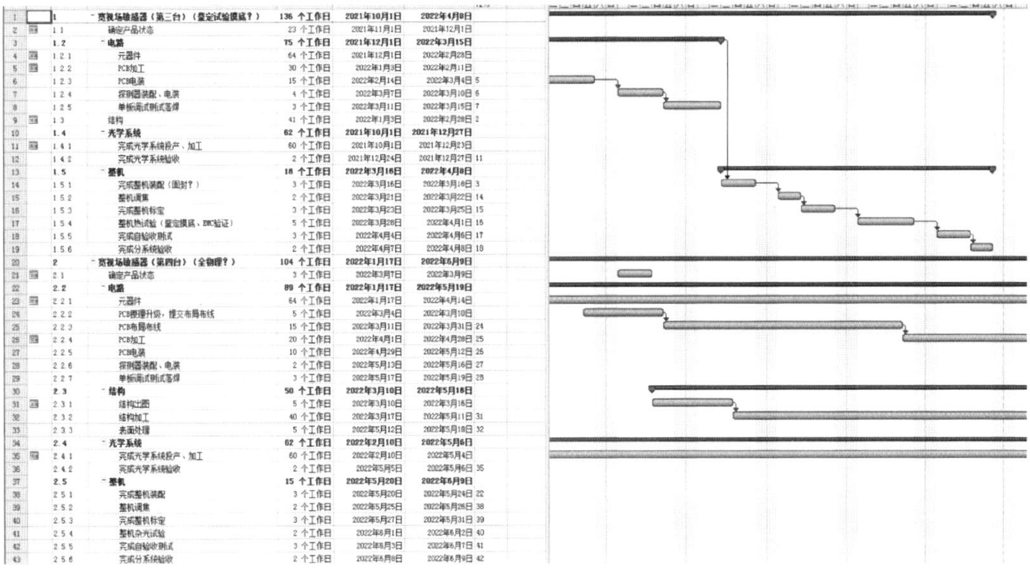

1	1	宽视场敏感器（第三台）（鉴定试验模底？）	136 个工作日	2021年10月1日	2022年4月8日	
2	1.1	确定产品状态	23 个工作日	2021年11月1日	2021年12月1日	
3	1.2	电路	75 个工作日	2021年12月1日	2022年3月15日	
4	1.2.1	元器件	64 个工作日	2021年12月1日	2022年2月28日	
5	1.2.2	PCB加工	30 个工作日	2022年1月3日	2022年2月11日	
6	1.2.3	PCB电装	15 个工作日	2022年2月14日	2022年3月4日	5
7	1.2.4	探测器装配、电装	4 个工作日	2022年3月7日	2022年3月10日	6
8	1.2.5	单板调试测试落焊	3 个工作日	2022年3月11日	2022年3月15日	7
9	1.3	结构	41 个工作日	2022年1月3日	2022年2月28日	2
10	1.4	光学系统	62 个工作日	2021年10月1日	2021年12月27日	
11	1.4.1	完成光学系统投产、加工	60 个工作日	2021年10月1日	2021年12月23日	
12	1.4.2	完成光学系统验收	2 个工作日	2021年12月24日	2021年12月27日	11
13	1.5	整机	18 个工作日	2022年3月16日	2022年4月8日	
14	1.5.1	完成整机装配（固封？）	3 个工作日	2022年3月16日	2022年3月18日	3
15	1.5.2	整机调焦	2 个工作日	2022年3月21日	2022年3月22日	14
16	1.5.3	完成整机标定	3 个工作日	2022年3月23日	2022年3月25日	15
17	1.5.4	整机热试验（鉴定摸底、EMC验证）	5 个工作日	2022年3月28日	2022年4月1日	16
18	1.5.5	完成自验收测试	3 个工作日	2022年4月4日	2022年4月6日	17
19	1.5.6	完成分系统验收	2 个工作日	2022年4月7日	2022年4月8日	18
20	2	宽视场敏感器（第四台）（全物理？）	104 个工作日	2022年1月17日	2022年6月9日	
21	2.1	确定产品状态	3 个工作日	2022年3月7日	2022年3月9日	
22	2.2	电路	89 个工作日	2022年1月17日	2022年5月19日	
23	2.2.1	元器件	64 个工作日	2022年1月17日	2022年4月14日	
24	2.2.2	PCB原理升级，提交布局布线	5 个工作日	2022年3月4日	2022年3月10日	
25	2.2.3	PCB布局布线	15 个工作日	2022年3月11日	2022年3月31日	24
26	2.2.4	PCB加工	20 个工作日	2022年4月1日	2022年4月28日	25
27	2.2.5	PCB电装	10 个工作日	2022年4月29日	2022年5月12日	26
28	2.2.6	探测器装配、电装	2 个工作日	2022年5月13日	2022年5月16日	27
29	2.2.7	单板调试测试落焊	3 个工作日	2022年5月17日	2022年5月19日	28
30	2.3	结构	50 个工作日	2022年3月10日	2022年5月18日	
31	2.3.1	结构出图	5 个工作日	2022年3月10日	2022年3月16日	
32	2.3.2	结构加工	40 个工作日	2022年3月17日	2022年5月11日	31
33	2.3.3	表面处理	5 个工作日	2022年5月12日	2022年5月18日	32
34	2.4	光学系统	62 个工作日	2022年2月10日	2022年5月6日	
35	2.4.1	完成光学系统投产、加工	60 个工作日	2022年2月10日	2022年5月4日	
36	2.4.2	完成光学系统验收	2 个工作日	2022年5月5日	2022年5月6日	35
37	2.5	整机	15 个工作日	2022年5月20日	2022年6月9日	
38	2.5.1	完成整机装配	3 个工作日	2022年5月20日	2022年5月24日	22
39	2.5.2	整机调焦	2 个工作日	2022年5月25日	2022年5月26日	38
40	2.5.3	完成整机标定	3 个工作日	2022年5月27日	2022年5月31日	39
41	2.5.4	整机杂光试验	2 个工作日	2022年6月1日	2022年6月2日	40
42	2.5.5	完成自验收测试	3 个工作日	2022年6月3日	2022年6月7日	41
43	2.5.6	完成分系统验收	2 个工作日	2022年6月8日	2022年6月9日	42

图 5 - 17　产品排程计划（甘特图）

排程有正向排程（Forward Scheduling）和逆向排程（Backward Scheduling）两种方法，就是所谓的“正排”和“倒排”。

正向排程：是从工单的开始时间，按照工艺流程，对每道工序依次正向排序，一直到产品交付时间。

逆向排程：是从工单的结束时间，按照工艺流程，对每道工序依次倒排，一直倒推到产品启动时间。

两种方式各有优点。不过，要想提高客户满意度，建议采用逆向排程。以客户要求时间作为工单结束时间进行倒排，如果开始时间落在过去，说明按正常流程生产会超期，这时可以采取一些补救措施。

正向排程更适用一些采用 MTS 模式，对客户需求时间不太敏感的产品。

5.3 节中提到的高级排程系统（APS），被很多企业作为排程工具，按照有限负荷进行排程，计划的可执行性会更高。

5.4.2 控制管理

控制管理主要有提前期管理和优先级管理两项活动。

（1）提前期管理

提前期是某个工作从开始到结束所需的时间，这是 PAC 进行排程的重要依据。假如一个产品的提前期是三个月，那么理论上，排程必须在客户订单前三个月启动生产，才能保证按时交付。

如果提前期设置过长，超过了正常生产时间，相当于提供了一定的缓冲，排程上会更加游刃有余，产品交付更有保障。但问题是，这样会增加在制品库存，无形中增长了企业运营成本。所以，提前期应该合理设置，在满足交付的前提下，越短越好。

产品的提前期是可以计算的，包含排队、设置、运行、转运等要素。

提前期＝排队时间＋设置时间＋运行时间＋转运时间

其中：

运行时间＝单个运行时间×批量数量

如果产品有多个组件，可以先计算每个组件的提前期，最后计算产品的提前期。采用这种方式，前提是企业必须精确知道每个产品或组件的详细生产数据。如果缺少数据，也可以采用别的方法。例如，统计每个工单实际执行的提前期，然后计算平均值。如果样本足够多，那么得出的提前期也是很准确的。

很多企业，会把提前期当作一个预设值。生产部门会提前给一个估算时间，然后作为参数设置到 ERP 系统中，参与 MRP 的计算过程。

在运行过程中，PAC 可以对提前期进行不断的优化，例如通过合理排程，缩短工单的排队、转运时间，或者是想办法增加批量。然后，对系统中的提前期数据进行更新，这样 MRP 运算得到的计划也更准确。根据分析，排队时间是最有可能通过优化缩短周期的，可以作为 PAC 改进的突破口。

（2）优先级管理

事实上，生产线资源冲突是无法避免的。无论计划做得多好，也不能保证每个工作中心同一时间只出现一个任务，这时候就需要进行优先级管理，给工作中心的工单任务进行排序。

MPC 系统给出了四种常用规则[1]：

1）订单宽裕时间规则。订单宽裕时间最短的，优先加工。宽裕时间等于交货期的剩余时间，减去剩余的加工周期。

该规则考虑交付风险。

2）单项作业宽裕时间规则。单项作业宽裕时间最短的，优先加工。单项作业宽裕时间等于宽裕时间，除以剩余工作数量。

该规则考虑了任务的复杂度，剩余工作越多，交付风险越大，所以优先排产。

3）关键比率规则。关键比率最小的，优先加工。关键比率等于交货期的剩余时间，除以剩余的加工周期。

该规则与订单宽裕时间有点类似，前者按相对值排序，后者按绝对值排序。

4）最短作业时间规则。加工周期最短的，优先加工。

该规则不考虑交货期和剩余加工周期，是为了最大化工作中心的产出数量。

表 5－14 展示了不同规则的优先级排序情况。

表 5－14　优先级排序对比

当前时间:3—30											
订单	交货期	剩余工期（天）	剩余工作数量	订单宽裕时间		单项作业宽裕时间		关键比率		最短作业时间	
				宽裕时间	排序	单项宽裕时间	排序	关键比率	排序	加工周期	排序
订单 A	3—10	10	1	—30	1	—30	1	—2	1	40	3
订单 B	4—20	20	1	0	2	0	2	1	2	30	2
订单 C	4—30	10	4	20	4	5	3	3	4	20	1
订单 D	5—30	50	1	10	3	10	4	1.2	3	80	4

可以看出，采用不同规则，生产订单的优先级是不一样的。这四种规则各有优点，企业可以根据自身情况进行选择。

5.4.3　瓶颈资源管理

瓶颈资源被视为产能的“约束”条件，在供应链的整个链条中，会存在一个或多个关键节点，约束了整条生产线的生产能力。瓶颈资源可以是某个加工中心的装配环节，也可以是某种关键物料，对于这些瓶颈点，企业必须格外重视，因为瓶颈点的产出，决定了供应链的整体产出。

假设某企业电子装联工作中心是瓶颈点，计划管理部门就应该定期组织电子装联例会，对电装任务统筹协调，保证资源的最大化利用。

对于瓶颈资源管理，业内有很多成熟的理论方法，比如著名的约束理论（Theory of Constraints，TOC），很多企业会把 TOC 系统嵌入 PAC 管理活动中，这是完全可行的。

此外，TOC 的适用范围其实非常广泛，可以说贯穿整个 MPC 系统，除了用于 PAC 活动，RP 和 RCCP 也可以根据 TOC 原理分析出瓶颈产能，进而优化调整 S&OP 和 MPS。

下面对 TOC 的实施过程做一下简单介绍：

（1）使用方法

使用 TOC 的方法，称为“鼓—缓冲—绳”（Drum—Buffer—Rope）。

鼓：表示瓶颈点，鼓点代表了瓶颈点的生产节拍，就是整个生产线的节拍。

绳：表示计划，按照鼓点节奏，带动每个非瓶颈点的生产计划。

缓冲：表示库存，在瓶颈点提前储备生产资源，保障瓶颈点的最大化产出。

（2）实施步骤

1）识别鼓。首先要找到生产线的鼓，可以通过生产数据分析，也可以根据经验。找到了鼓，便可以设置“鼓点”，即生产节拍。并且，可以考虑制定措施，提升鼓的产出。

“鼓”如果是某个工作中心，可以补充设备、人员，或者优化工艺流程。如果是某个关键物料，可以增加安全库存。另外，“鼓”也可能不在供应链管理范畴内，比如说市场需求不足，产能超过订单数量，需要考虑市场开拓。

2）约束非瓶颈点产出。设置好“鼓点”，然后就要准备“绳”。用“绳”拉动和约束整条生产线上的其他非瓶颈点，保持设定的生产节拍。

企业不能盲目追求每个工作中心的使用效率，否则在制品库存会不断堆积到“鼓”前，无法消化，产生很高的运营成本。

3）建立缓冲。缓冲的目的，是让“鼓点”不中断，让瓶颈点的资源利用最大化。常见的方式是设置在制品缓冲。

在制品缓冲，就是在“鼓”前，多准备一些需要的在制品，形成少量积压。需要注意的是，缓冲不是生产操作人员决定的，也是依靠“绳”来驱动的。可以通过设置安全库存，或者调整 MPS 等方式来实现。

4）持续改善。企业识别出“鼓”后，要采取措施进行持续改善，提高“鼓”的产出，提升供应链整体能力。

当原来的“鼓”消除后，又会产生新的“鼓”，整个过程不断重复。

5.5　生产现场管理

一般情况下，制造企业的生产现场，是直接与生产过程相关的场所，例如厂房、车间、仓库、实验室、办公室等。

生产现场管理，就是用科学的管理制度、标准和方法，对生产要素（人、机、料、法、环）进行合理组织、协调、控制，保障生产活动的顺畅有序开展。

具体如何实施生产现场管理，要结合企业实际，并没有统一的模式。本书提供一个参考方式，供读者借鉴。

（1）建立规章制度

企业首先要建立自己的生产现场管理规章制度，依据“分类管理、以评促建”的原则，强化生产现场管理的系统性和规范性，构建层次清晰的生产现场管理体系，如图 5－18 所示。

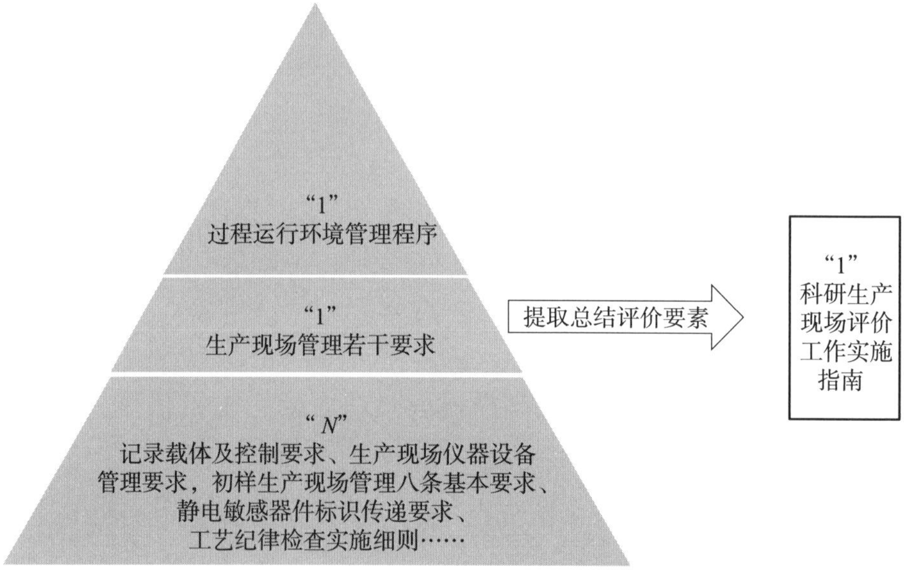

图 5－18　生产现场管理体系模型

1）第一层次。从顶层明确生产现场管理原则，明确职责和接口。

2）第二层次。对生产现场管理提出具体要求，可以包含现场整顿、体系控制、人员素养等方面的要求，例如：

现场整顿“五个一”（一室一库房、一区一责任、一地一标识、一物一定置、一纸一夹子）。

体系控制“五控制”（温湿度控制、洁净度控制、静电防护控制、设备状态控制、记录控制）。

人员素养“五到位”（培训到位、自查到位、监督到位、考核到位、习惯到位）。

3）第三层次。对管理要求进行全面的细化分解，把要求落到具体的操作细则、手册中。

（2）建立评价模型

根据实际情况，建立现场管理的评价模型，可以包含评价目标、过程及要素等方面内容，如图 5－19 所示。

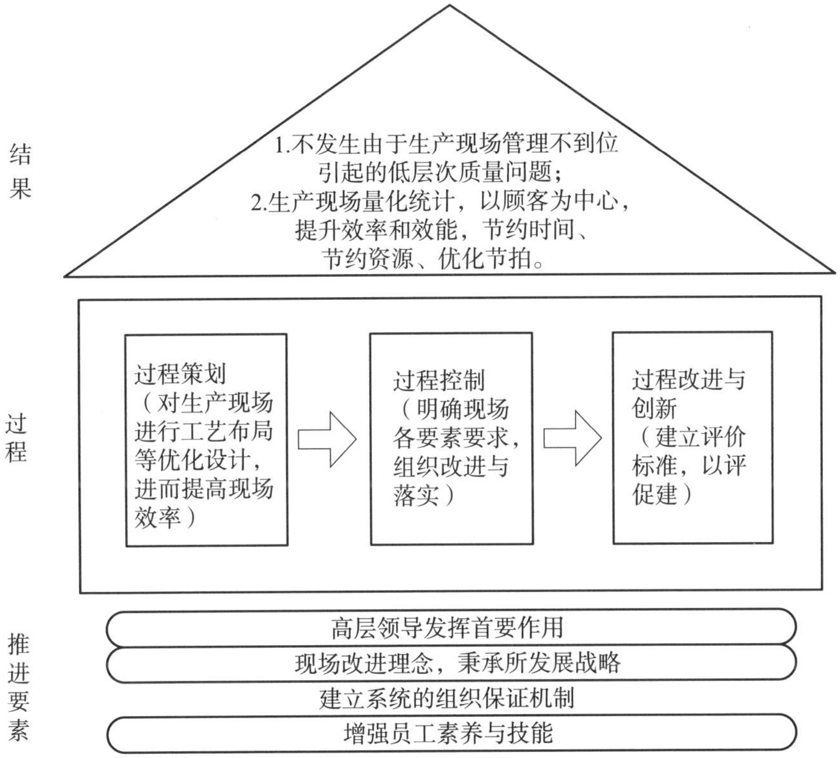

图 5－19　现场管理星级评价模型

(3) 建立督查机制

通过月度督查、年度评价、专项检查相结合的形式，遵循 PDCA 程序，实施策划、实施、督查、改进的流程循环迭代，如图 5－20 所示。

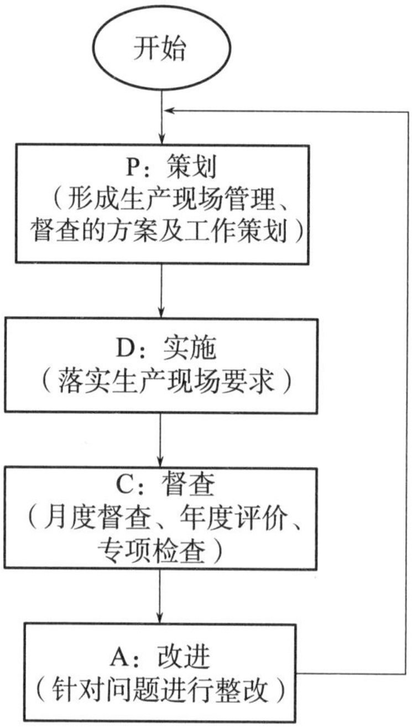

图 5－20　现场管理 PDCA 循环

第 6 章　库存管理

制造企业的库存管理向来都是难点和痛点，一般企业发展规模越大，库存带来的成本压力也越大。库存管理的目标，就是在最大程度满足客户需求的同时，保持低规模库存，实现库存快速周转，改善现金流，提高企业收益。

6.1　库存的内涵

6.1.1　库存概述

美国生产与库存管理协会（APICS）将库存定义为：“以支持生产、维护、操作和客户服务为目的而存储的各种物料，包括原料和在制品、维修件和生产消耗品、成品和配件等[3]。”

库存是企业供应链的管理重点，充足的库存可以降低企业缺货损失，但长期持有库存又会占用大量资金，增加管理成本。库存除了进行物料储存保管，还具备整合需求和供给，保持物流顺畅等功能。

（1）库存如何产生

从物料采购到最终产品交付，犹如一个蓄水池上下游水量的流动一样，理想的情况是用多少水（交付多少产品），灌入多少水（采购相应配套的物料），这样蓄水池里将没有水（理想情况下的“零库存”），实际情况是每种物料均需一定的采购周期，产品加工过程中每一个环节都可能有一定的时间差，同时也存在着需求数量变更、延迟交货等复杂情况，因此在一进一出的过程中便产生了库存[4]，如图 6－1 所示。

（2）企业有哪些库存

根据产品配套需求进行原料采购（包括材料、元器件、标准件等）形成原

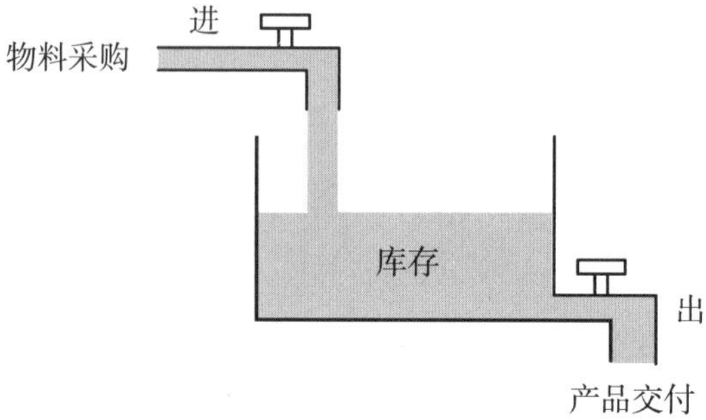

图 6－1　库存示意图

料库存，通过零组件加工（机械加工、电装等）形成零组件库存，通过初级组装形成半成品库存，进一步组装、测试、试验等形成最终产品库存，入库后满足特定型号需求形成型号库存。产品交付后可能存在低概率的退货或返修情况，处置过程中形成退货/返修库存，如图 6－2 所示。

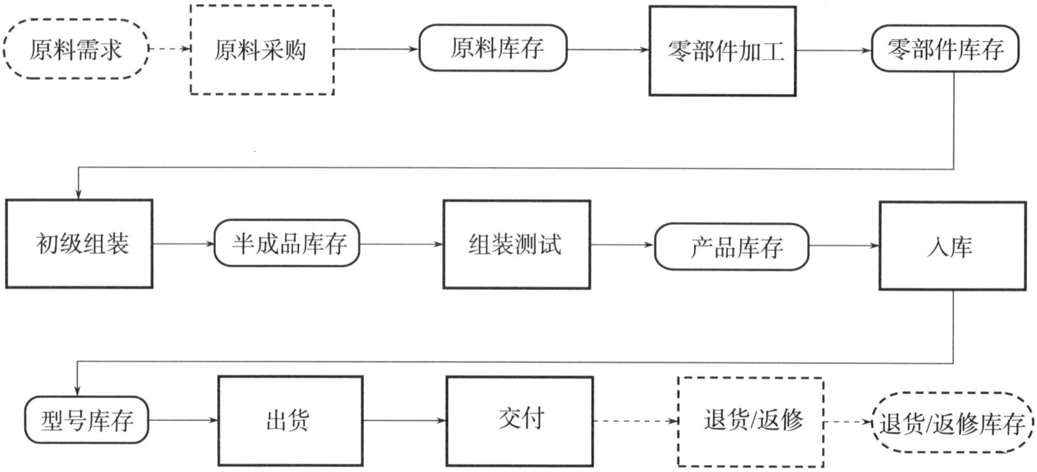

图 6－2　流转过程的库存

（3）库存管理常见问题

1）缺料。物料短缺影响产品交付，降低企业信誉度。缺料原因有很多，例如采购需求未及时明确、供应商没有按时供货、供货存在质量问题等。

2）呆滞。管理不当产生呆滞物料，长时间未被使用，或者没有及时处置，占用仓储空间和资金成本，造成资源浪费。

3）周转率低。由于缺料和呆滞，造成企业的库存周转速度下降，现金流会出现问题，影响企业的正常运营。

6.1.2　库存管理目标

库存管理，是制定合理的库存目标和实施计划，在执行过程中进行监控、调整，保证目标的达成。

库存管理应包含三个目标：数量合理化、服务优质化、成本低廉化[5]，如图 6－3 所示。三个目标之间是相互联系、相互影响、相辅相成的关系。

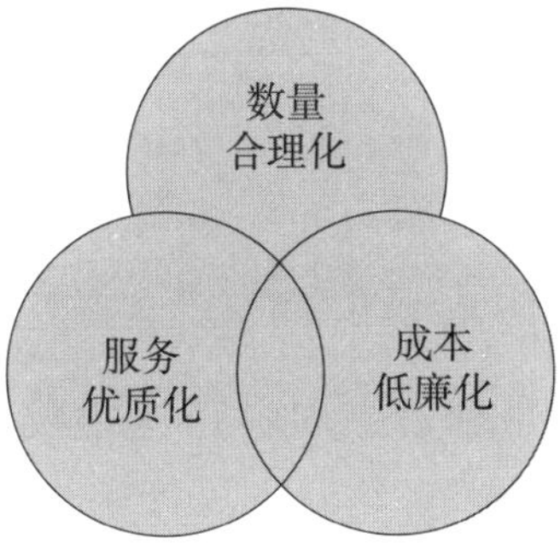

图 6－3　库存管理目标

（1）数量合理化

库存的核心功能，是维持合理的库存数量，满足生产、经营、市场等方面需求。库存数量不能过低，要满足正常生产所需，避免供应不足导致生产停滞；库存数量也不能过高，避免造成资源浪费，减轻企业的经济负担；库存数量还要保持动态调整，以满足市场和用户不断变化的需求。

（2）服务优质化

库存管理直接影响企业供应链活动，按时交付订单，及时满足客户要求，快速处理发货、退货、维护，体现了企业的服务水平。这需要库存管理，与供应链其他环节紧密配合、相互协作。

（3）成本低廉化

对于企业经营来说，库存是成本而不是收益，要通过科学合理的库存管理方式，调整采购订货数量和订货周期，降低采购成本，实现资源的优化配置。

6.1.3 安全库存

为了缓解生产风险，大多数企业都会建立供应链的安全库存。安全库存是为了应对物资供应或需求的不确定性（如突发性大量订货、产品交付期提前、临时用量增加、供应商交货延期等），在需求与供应之间设置的额外库存。

安全库存并不等同于缓冲库存，两者在供应链管理中有着本质的区别，缓冲库存是客观存在的需求提前形成的库存，安全库存是结合预测分析在已知需求基础上设置的额外库存。

在实际应用上，安全库存并不一定“安全”，针对不确定性风险只能起到一定缓解作用，并不能解决所有突发问题。同时，由于安全库存是额外的库存，相当于沉没成本，所以会对资金周转产生影响。

（1）影响因素

影响安全库存的因素，主要有三种：

1）物料的齐套率。

2）需求的波动率。

3）供应的波动率。

物料齐套率要求越高，需求或供应的波动率越大，所需要的安全库存就越多。实际在设置安全库存时，需要对以上因素进行量化分析，以支撑决策。

（2）安全库存策略

安全库存的设置，需要结合物料分类，可以从三个维度考虑：

1）物料的年均出库成本：可以采用 ABC 分类法，A 类成本最高，C 成本最低。

2）物料的出库波动情况：可以采用 XYZ 分类法，X 波动率最低，Z 波动率最高。

3）物料可得性风险：可以按照物料供应风险，分为高、中、低三个风险等级。

结合上述三种数据，可以建立物料的分类矩阵。针对不同分类，对安全库存进行决策，根据物料的齐套率需求、概率分布、供需模型、财务成本等，计算并设置库存数量。

下面通过实际案例，介绍如何设置、计算、使用安全库存，具体如下：

（1）引入安全库存的时机

在再订货点引入安全库存，再订货点 $R=d+S$，d 是补货提前期 L 内的平均需求，S 就是安全库存水平。

（2）确定安全库存数量

1）缺货概率。例如某个产品，在补货期间客户需求量是 1～9 个。根据经验或者数据分析，需求数量多少，存在一定的规律，最简单的例如满足正态分布。那么，假定需求数量 9 的概率为 1%，需求数量 8 或 9 的概率为 5%，需求数量 7、8、9 的概率为 15%。平均需求为 5 个。

这样的话，d 为 5，如果 S 选择 4，则不会发生缺货；如果选择 3，则缺货概率为 1%；如果选择 2，缺货概率为 5%。

2）客户服务水平。客户服务水平，就是满足客户需求的概率，计算公式如下：

$$SL=100-(100/Q)\sum_{d=R_1}^{d_{\max}}P(d)(d-R)$$

式中　Q——订货量；

R——再订货点；

$P(d)$——补货提前期中需求量为 d 的概率；

$d_{\max}$——补货提前期中的最大需求量。

我们还是以上面的产品为例，加上 $Q=5$，$d_{\max}=9$，那么会有以下几种情况：

安全库存设为 1，则 $R=d+S=5+1=6$

$$SL=100-(100/5)\times(0.01\times3+0.04\times2+0.1\times1)=95.8$$

安全库存设为 2，则 $R=d+S=5+2=7$

$$SL=100-(100/5)\times(0.01\times2+0.04\times1)=98.8$$

安全库存设为 3，则 $R = d + S = 5 + 3 = 8$

$$SL = 100 - (100/5) \times (0.01 \times 1) = 99.8$$

很明显，安全库存越高，客户服务水平越高。企业就可以根据自身需求，确定某个产品的订货量和安全库存这两个参数了。

(3) 快速计算

为了方便计算，企业采用正态分布作为经验数据提供相似的拟合分布，如图 6－4 所示。

1）缺货概率作为设置准则：

$$安全库存 = Z\sigma_d$$

$$再订货点 = 补货提前期内的平均需求 + Z\sigma_d$$

式中　Z ——标准正态分布概率表中的概率因子；

σ_d ——补货提前期内需求的标准差。

2）客户服务水平作为设置准则：

$$SL = 100 - (100/Q)(\sigma_d E(Z))$$

式中　$E(Z)$ ——正态分布期望值；

σ_d ——补货提前期内需求的标准差。

需要注意，采用这种方式计算安全库存，使用场景比较有限，因为前提条件是需求分布概率存在一定规律。

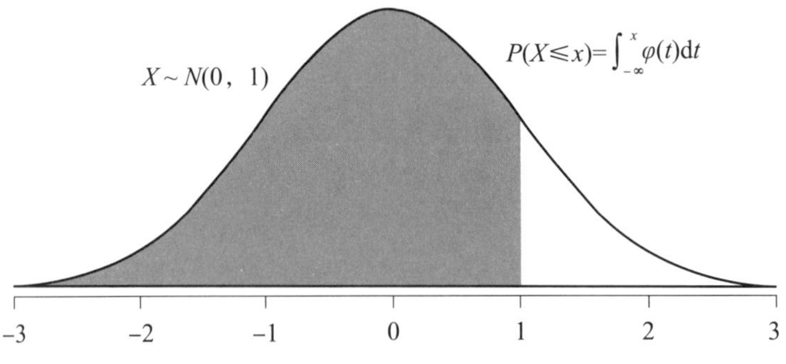

图 6－4　正态分布图

	0.00	0.01	0.02	0.03	0.04	0.05	0.06	0.07	0.08	0.09
0.0	0.500 0	0.504 0	0.508 0	0.512 0	0.516 0	0.5199	0.523 9	0.527 9	0.531 9	0.535 9
0.1	0.539 8	0.543 8	0.547 8	0.551 7	0.555 7	0.559 6	0.563 6	0.567 5	0.571 4	0.575 3
0.2	0.579 3	0.583 2	0.587 1	0.591 0	0.594 8	0.598 7	0.602 6	0.6064	0.610 3	0.614 1
0.3	0.617 9	0.621 7	0.625 5	0.629 3	0.633 1	0.636 8	0.640 6	0.644 3	0.648 0	0.651 7
0.4	0.655 4	0.659 1	0.662 8	0.666 4	0.670 0	0.673 6	0.677 2	0.680 8	0.684 4	0.687 9
0.5	0.691 5	0.695 0	0.698 5	0.701 9	0.705 4	0.708 8	0.712 3	0.715 7	0.719 0	0.722 4
0.6	0.725 7	0.729 1	0.732 4	0.735 7	0.738 9	0.742 2	0.745 4	0.748 6	0.751 7	0.754 9
0.7	0.758 0	0.761 1	0.764 2	0.767 3	0.770 4	0.773 4	0.776 4	0.779 4	0.782 3	0.785 2
0.8	0.788 1	0.791 0	0.793 9	0.796 7	0.799 5	0.802 3	0.805 1	0.807 8	0.810 6	0.813 3
0.9	0.815 9	0.818 6	0.821 2	0.823 8	0.826 4	0.828 9	0.831 5	0.834 0	0.836 5	0.838 9
1.0	0.841 3	0.843 8	0.846 1	0.848 5	0.850 8	0.853 1	0.855 4	0.857 7	0.859 9	0.862 1
1.1	0.864 3	0.866 5	0.868 6	0.870 8	0.872 9	0.874 9	0.877 0	0.879 0	0.881 0	0.883 0
1.2	0.884 9	0.886 9	0.888 8	0.890 7	0.892 5	0.894 4	0.896 2	0.898 0	0.899 7	0.901 5
1.3	0.903 2	0.904 9	0.906 6	0.908 2	0.909 9	0.9115	0.913 1	0.914 7	0.916 2	0.917 7
1.4	0.919 2	0.920 7	0.922 2	0.923 6	0.925 1	0.926 5	0.927 9	0.929 2	0.930 6	0.931 9
1.5	0.933 2	0.934 5	0.935 7	0.937 0	0.938 2	0.939 4	0.940 6	0.941 8	0.942 9	0.944 1
1.6	0.945 2	0.946 3	0.947 4	0.948 4	0.949 5	0.950 5	0.951 5	0.952 5	0.953 5	0.954 5
1.7	0.955 4	0.956 4	0.957 3	0.958 2	0.959 1	0.959 9	0.960 8	0.961 6	0.962 5	0.963 3
1.8	0.964 1	0.964 9	0.965 6	0.966 4	0.967 1	0.967 8	0.968 6	0.969 3	0.969 9	0.970 6
1.9	0.971 3	0.971 9	0.972 6	0.973 2	0.973 8	0.974 4	0.975 0	0.975 6	0.976 1	0.976 7
2.0	0.977 2	0.977 8	0.978 3	0.978 8	0.979 3	0.979 8	0.980 3	0.980 8	0.981 2	0.981 7
2.1	0.982 1	0.982 6	0.983 0	0.983 4	0.983 8	0.984 2	0.984 6	0.985 0	0.985 4	0.985 7
2.2	0.986 1	0.986 4	0.986 8	0.987 1	0.987 5	0.987 8	0.988 1	0.988 4	0.988 7	0.989 0
2.3	0.989 3	0.989 6	0.989 8	0.990 1	0.990 4	0.990 6	0.990 9	0.991 1	0.991 3	0.991 6
2.4	0.991 8	0.992 0	0.992 2	0.992 5	0.992 7	0.992 9	0.993 1	0.993 2	0.993 4	0.993 6
2.5	0.993 8	0.994 0	0.994 1	0.994 3	0.994 5	0.994 6	0.994 8	0.994 9	0.995 1	0.995 2
2.6	0.995 3	0.995 5	0.995 6	0.995 7	0.995 9	0.996 0	0.996 1	0.996 2	0.996 3	0.996 4
2.7	0.996 5	0.996 6	0.996 7	0.996 8	0.996 9	0.997 0	0.997 1	0.997 2	0.997 3	0.997 4
2.8	0.997 4	0.997 5	0.997 6	0.997 7	0.997 7	0.997 8	0.997 9	0.997 9	0.998 0	0.998 1
2.9	0.998 1	0.998 2	0.998 2	0.998 3	0.998 4	0.998 4	0.998 5	0.998 5	0.998 6	0.998 6
3.0	0.998 7	0.998 7	0.998 7	0.998 8	0.998 8	0.998 9	0.998 9	0.998 9	0.999 0	0.999 0

图 6－4　正态分布图（续）

6.1.4　库存成本

库存成本是因存货而发生的各种成本的总和，包含采购成本、持有成本、缺货成本等。

（1）采购成本

采购成本是获得所需物料的支出成本，包括支付供应商、代理商的成本，用于物料检验筛选的试验成本和样品损耗成本，物料运输成本，进口物料还涉及关税成本等。

为减少采购成本，可以采取以下几种方式：

1）压缩物料品种，提升单品物料需求规模。

2）集中采购形成规模效应。

3）选择通用成熟物料，减少新品种产生的各种损耗和费用。

（2）持有成本

持有成本是因持有库存而产生的各种成本，包含直接成本、间接成本、风险成本等。

1）直接成本。为了持有库存、保存货物而直接产生的成本，如仓储场地租金、设备折旧费、存储环境水电费、仓储管理人员的工资等。

2）间接成本。间接成本是因持有库存损失的收益。库存所占用的资金，可以进行其他方面投资，或存入银行获得利息。所以，间接成本也可以说是机会成本。

3）风险成本。风险成本是发生意外造成的损失。例如，物料超过使用有效期、库存贬值、火灾偷盗等，这些都是风险成本。

降低持有成本的主要方式，还是控制库存数量。在满足生产活动需求的前提下，通过提升预测能力，及时识别风险，消解呆滞物料等措施，尽可能降低库存持有量。

（3）缺货成本

缺货成本是因缺货而产生的各种费用和损失，包含直接成本和间接成本[6]。

1）直接成本。直接成本是因缺货直接产生的费用。例如，缺货产生的加急费用、生产线停工造成的损失、在制品增加产生的持有成本、物料替代产生的价差等。

2）间接成本。间接成本是因缺货可能产生的损失。例如，缺货导致交付延期产生的经济处罚，或客户流失造成的潜在损失等。

降低缺货成本一般有以下方式：

1）压缩物料品种，提升物料复用性。

2）提升预测能力，保证采购提前期。

3）优化库存策略，设置安全库存。

4）拓展供应商资源，形成备份。

5）加强供应商管理，提高供应的齐套率。

6）实施与供应商的战略合作，推广 VMI 供应模式。

6.2　库存计划

库存计划指根据未来的销售预测、企业经营现金流情况，并参考历史数据等，计算我们“应该持有的库存量”，或者，库存周转率应该做到多少[7]。

库存计划是企业对库存规模的目标与规划，通过制定库存策略，监控库存数据，在既定库存周转率和库存资金占用范围内实现供应目标。因此必须制定相应的库存实施计划和方案，并监控实施情况，针对偏差及时制定措施，修正计划。

6.2.1　物料计划

库存计划的核心，在于物料计划的管理，根据物料的需求时间跨度，可区分为长期物料计划、中期物料计划、短期物料计划。

（1）长期物料计划

对于长期物料计划，出于周期和成本考虑，一般不会评估全部物料，而是选择一些关键物料进行管理。

企业根据产品特点，可以定义关键物料范围，采购周期长、风险高或价值高的物料定义为关键物料，并进行分析与监控。

通过监控关键物料的库存持有、到货、订单进展情况，促进物料供应与生产计划协同，从而保证预测需求或意向订单的达成。

（2）中期物料计划

当订单对物料的需求时间进入一定的窗口期内，按照中期物料计划进行管理，此时通过物料齐套性检查，分析订单所需每种物料的齐套情况，识别供应风险，制定解决措施并持续跟进。

（3）短期物料计划

当企业产品已经进入生产阶段后，可能因突发情况产生缺料。例如，意外的生产损耗、质量问题等。此时需要进行短期物料计划管理，生产环节缺料一般称为在线缺料，会影响生产线的正常运行，因此在线缺料管控尤为重要，一般要采取按日追踪方式。

下面介绍某企业对于长期、中期和短期物料计划的管理方式。

（1）长期物料计划

企业设定了10种关键物料，表6－1为关键物料的详细信息。

表6－1　关键物料库存统计

序号	物料名称	生产周期(天)	质保周期(天)	可用库存数量(只)	可用订单数量(只)
1	W001	316	84	299	1 138
2	W002	195	126	429	4 787
3	W003	224	70	48	0
4	W004	168	70	13	21
5	W005	360	84	109	64
6	W006	270	140	9	32
7	W007	324	84	384	1 345
8	W008	324	84	221	238
9	W009	360	112	341	0
10	W010	210	84	10	48

接收预测或正式订单后，会开展详细物料分析，评估物料供应能力，制定采购计划，管控供应风险。假设，企业接到预测订单，10 个月后启动产品 A 的 5 台货架储备，产品 A 的关键物料见表 6－2。

表 6－2　产品 A 关键物料需求预测

序号	物料名称	需求数量
1	W001	50
2	W002	200

经评估，5 台产品需要 W001 共计 250 只，现有库存 299 只，满足需求；需要 W002 共计 1 000 只，现有库存 429 只，不满足需求，在途订单数量 4 787 只，且预计 10 个月内到货。因此初步判断，产品 A 暂无缺料风险。

(2) 中期物料计划

企业订单提前期为 1 年左右，每月检查物料齐套情况，给出齐套时间承诺，进行缺料风险管控。

表 6－3 为每月更新的中期物料计划检查结果。

表 6－3　产品 A 物料齐套性检查统计

生产订单	物料名称	需求日期	需求数量（只）	库存数量（只）	订单数量（只）	到货时间	齐套性检查结果
200000000006	W001	2—24	4	4	0	—	齐套
200000000006	W002	2—24	1	1	0	—	齐套
200000000006	W003	2—24	8	8	0	—	齐套
200000000006	W004	2—24	2	2	0	—	齐套
200000000006	W005	2—24	2	2	0	—	齐套
200000000006	W013	2—24	4	2	2	1—20	按时齐套
200000000006	W014	2—24	2	0	2	4—15	不齐套

(3) 短期物料计划

企业对于短期物料计划的管控更加具体，明确了物料追踪的关键事项和责任人，根据物料到货时间，协调生产计划。

缺料追踪计划，见表 6－4。

表 6－4　缺料追踪计划

生产订单	物料名称	需求日期	需求数量（只）	库存数量（只）	订单数量（只）	到货进展	到货时间
200000000006	W014	2—24	2	0	2	1)订单状态 2)调拨途径－落实人×× 3)代料情况－落实人××	4—15

6.2.2　库存周转率

（1）定义

库存周转率（Inventory Turn Over，ITO）是重要的库存控制指标，也是一个财务指标，反映了企业的库存周转快慢程度和某一时间段的库存控制水平[8]。

库存周转率通常以月或年来统计，计算公式如下：

$$库存周转率=(库存的出库总金额\div平均库存金额)\times100\%$$

出库总金额为某一时间段内所有出库金额的合计；平均库存金额为期初库存和期末库存的平均值。

例如：已知某企业 2021 年的销售金额为 3.2 亿元，期初库存为 2.9 亿元，期末库存为 3.4 亿元。该企业 2021 年的库存周转率：

$$平均库存金额=(2.9+3.4)亿元\div2=3.15亿元$$

$$2021年库存周转率=3.2亿元\div3.15亿元\times100\%=101.6\%$$

（2）运用

通常情况下，财务部门会在年初设定本年度的库存周转率总指标，总指标结合具体业务，分解到产品研制部门。

假设某企业的财务部门设定本年度的库存周转率为 10，经过分解，原材料部门的库存周转率需达到 12，平均每月库存要周转 1.2 次。那么，如果计划得出的某月库存周转率低于 1.2，则应开展分析，查找问题原因。

在供应链运行过程中，企业可以借助信息化工具，获取库存清单、账龄报表、呆滞报表等，辅助监控库存周转率。提升库存周转率的方法有很多，要点是卡住“入口”，释放“出口”。

1）控制好物料入库的数量和时间，物料应按计划实施采购，既不要晚也不要提前，提前入库增加物料持有天数。清理采购订单应作为日常工作，特别是在产品研发阶段，产品状态变化会影响采购需求，对于无需求的物料，应及时协调供应商减少或终止采购订单。

2）在库存发放环节，可以采取“先进先出”原则，避免物料超期，降低呆滞风险。

6.2.3 呆滞库存

（1）呆滞库存定义

呆滞库存指那些使用量少、暂时不使用的库存，包括“呆”和“滞”两大类。一般来说，“呆”库存指完全不使用的库存，“滞”库存指使用量小于现有储备的库存。

这里有一个时间概念，多长时间算“完全不使用”，企业可以根据产品特点进行定义。例如：电子产品制造周期短，可以将3个月内不使用的库存定义为“滞”库存，3个月以上的定义为“呆”库存。对于航天企业，产品研制周期长，时间范围可以适当增大。

（2）呆滞库存分析

呆滞分析方法大致有两种：

1）看历史数据。根据物料在过去某一时间段内消耗情况，结合账龄报告，判断库存呆滞情况。假设某企业现有原材料1 000种，有20种物料在过去三年无出库记录，那这20种物料可以判定为呆物料。另有50种物料，虽然有所消耗，但库存总量持续增加，可以判定为滞物料。具体的规则和边界，由企业根据实际需求来设定。

2）看未来需求。对物料的未来使用需求进行预测，未来一定时期内不能使用或消耗很少的物料，可以判定为呆滞物料。采取这种方法，需要企业具有较强的预测能力，最好可以借助信息化工具。

（3）呆滞库存消解

呆滞库存有几种常用的消解方式：

1）代料方式。一般情况下为确保物料可得性，产品设计阶段会考虑备选物料，当呆滞库存中有可以用于替代物料时，可以通过代料方式优先消耗呆滞库存。

例如：物料 A 和物料 B 是两种可以相互替代的物料，某产品选用物料 B，但在设计时考虑用物料 A 作为备用。产品生产前，如果发现库存中存在物料 A，且已经成为呆滞，可以通过代料方式消解物料 A 的库存。

2）降级使用。这种情况在航天企业较为常见，因为物料有质量等级的区分，所以当高等级物料成为呆滞后，如果进行降级使用，会扩大使用范围，可以快速消耗掉呆滞物料。

3）信息共享。建立企业间的信息渠道，某企业的呆滞物料，可能是其他企业的急需物料。借助信息共享平台，让企业间形成呆滞物料的共享机制，可以减少呆滞库存。

企业应根据自身条件，设置呆滞库存的判断标准，分析呆滞原因，进行呆滞处置。

（1）定义呆滞库存

某企业根据未来订单和库存账龄，从两个维度融合判定呆滞库存。

根据系统中库存和需求关系，系统中无需求的库存判定为呆库存，系统中有需求，库存超过需求的部分判定为滞库存。

账龄超过 8 年的库存判定为呆库存。

某月呆滞库存清单，见表 6－5。

表 6－5　某月呆滞库存清单

物料	需求数量（只）	在手库存数量（只）	在途数量（只）	呆滞定义	在手呆滞数量（只）	在途呆滞数量（只）
W003	0	4	0	呆	4	0
W004	0	9	0	呆	9	0
W005	0	4	0	呆	4	0

续表

物料	需求数量（只）	在手库存数量（只）	在途数量（只）	呆滞定义	在手呆滞数量（只）	在途呆滞数量（只）
W006	0	34	0	呆	34	0
W007	16	17	0	滞	1	0
W008	0	95	0	呆	95	0
W009	0	29	0	呆	29	0
W011	12	29	0	滞	17	0
W012	6	10	0	滞	4	0
W013	6	8	0	滞	2	0
W016	10	15	0	滞	5	0
W018	180	48	144	滞	0	12

（2）分析呆滞库存

根据报表分析呆滞形成的原因，原因归纳为五大类：

1）预测不准。

2）订单变更。

3）产品设计状态变更。

4）库存策略不合理。

5）批次性质量问题。

根据呆滞分析结论，企业有针对性地制定呆滞库存的处置和预防措施。一般情况是按物料金额排序，优先处置高价值物料。

6.2.4　盘点审计

库存盘点是库存管理的一项基础性工作，通过盘点保证库存数据准确，才能支撑 MRP 等系统功能的正确稳定运行。

企业一般采用循环盘点方式。根据物料种类，设置不同的盘点周期和策略，制定盘点计划，如图 6－5 所示。

库存盘点主要检查账面与实物的相符性，以及物料的名称、数量、批次等

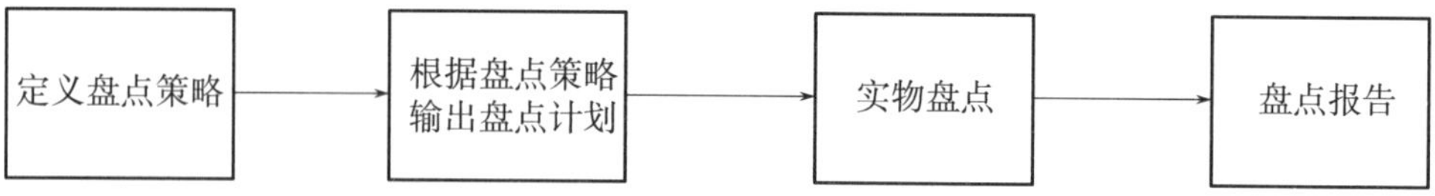

图 6－5　物料盘点流程图

信息。可以重点检查以下内容：

1）物料名称：针对物料名称，账、卡、物要保持一致，尤其注意物料名称写法相近的物料不能混料。

2）物料数量：针对物料的数量进行盘点，尤其是出入库频次高的物料，确保数量准确。

3）物料批次、合格证：针对物料的批次、合格证信息进行盘点，防止出现混批现象。

6.3　仓储管理

前面所讲的库存管理，更多的是与计划相关，如何把库存计划融入供应链管理活动中。与此同时，在库存的概念中，包含了产品具体存放地点的相关管理内容，也就是仓储管理。

事实上，仓储管理与物流管理是一对组合，很多企业通常会把仓储物流放在一个职能部门下进行管理。本节仅对仓储部分进行简单的描述。

6.3.1　仓储管理的概念

（1）定义

仓储可理解为利用仓库存放、储存物资的行为。仓储中的“仓”也可称为仓库，是存放物资的建筑物和场地，具有存放和保护物资的功能。“储”表示收存以备使用，具有收存、保管、储藏和交付使用的含义。

根据《物流术语》（GB/T 18354—2021）对仓储的定义，仓储是利用仓库及相关设施设备进行物资的入库、存储、出库的作业。当仅利用仓库储存与保管暂时不用的物资时，就形成了静态仓储；当利用仓库进行物资的入库、暂存、加工、分拣、出库、交付使用且周而复始的活动时，就形成了动态仓储[9]。

（2）功能

1）储存和保管。储存和保管是仓储最基本的功能，保证物资的可用性和有效性。

2）调节供需。各生产环节之间的仓储物料，在供应链中起着缓冲、调节和平衡的作用。在航天企业科研生产过程中，仓储可以更大程度地缓解供需之间的矛盾，为科研生产创造价值[9]。

3）调节运输能力。在运输环节，由于运输工具的运力差异，可能会产生运输需求与能力不匹配情况，这种差异可以通过仓储进行调节和衔接。

4）降低供应链成本。仓库可以减少生产停顿的现象，提高供应链运行效率。同时，科学的仓储决策和管理，可以降低整体仓储、物流成本。

5）配送和流通加工。现代仓储逐步演化成为集流通、加工和配送于一体的多功能的物流配送中心，不仅具备储存保管功能，还增加了分拣、包装、配送、粗加工、信息处理等功能，提高物资的综合利用率。

6.3.2 仓储作业管理设备与技术

（1）WMS（仓储管理系统）

仓储管理系统（Warehouse Management System，WMS）是仓储管理信息化的具体形式，它在我国的应用还处于起步阶段。从应用角度上看，可分为三类：

第一类是基于典型的配送中心业务的应用系统，在销售物流中的配送中心，在供应物流中的零配件配送中心，都能见到这样的案例。此类系统多用于制造业或分销业的供应链管理中，也是WMS中最常见的一类。

第二类是以仓储作业技术的整合为主要目标的，解决各种自动化设备的信息系统之间整合与优化的问题。此类系统涉及的流程相对规范、专业化，多出现在大型ERP系统之中，成为一个重要组成部分。

第三类是以仓储业的经营决策为重点的应用系统，其鲜明的特点是具有非常灵活的计费、准确及时的核算和功能完善的客户管理系统，为仓储业经营提供决策支持信息[10]。

（2）RFID（无线射频标识）

RFID（Radio Frequency Identification）是一种可以替换现有传统条形码的技术，它通过非接触和非线性可见的方式来传送标识资料，以达到身份识别的目的。RFID以其可识别移动的物体、同时识别多个对象、非接触方式以及不需干预等优点被广泛应用于工业自动化、商业自动化和物流信息自动化等众多领域[11]。

（3）AGV（自动导引车）

AGV（Automatic Guided Vehicle），即自动导引车，也称为移动机器人，指装备电磁或光学等自动导引装置，能够沿规定的导引路径行驶，具有安全保护以及各种移载功能的运输车。AGV最开始主要用于出入库物资的自动搬运，后来在欧洲一些发达国家迅速推广，成为汽车装配等工业生产领域搬运的首选方式，同时也慢慢运用于物资的拣选、分拣业务中，目前AGV分拣技术在物流行业应用较为成熟[12]。

第 7 章　数字化赋能

前几章介绍了供应链计划、需求、生产、采购，以及库存等方面内容，这些都是供应链的主要活动。企业对这些活动进行管理，离不开信息化的帮助，事实上，很多业务流程和管理活动，要基于一定的信息化，如果缺少了这种支撑，管理效能和执行情况将会大打折扣。

所以，企业供应链实施数字化赋能是一个非常重要的工作，本章主要介绍数字化供应链的发展历程、主要特点、应用场景和关键技术，为企业的信息化建设提供参考。

7.1　供应链信息化发展

7.1.1　早期发展历程

供应链信息化的发展，可以从企业资源计划（Enterprise Resource Planning，ERP）软件窥见一斑。ERP 系统将企业的各个业务部门整合在一起，包括物流、采购、制造、采购、人力资源、客户关系等。

以企业资源计划为代表的供应链信息系统，也是供应链应用最为广泛的核心系统，相关概念最早出现在 20 世纪 90 年代初期，由 MRP、MRP II 发展而来。物料需求计划（MRP）是基于物料库存计划管理的生产管理系统，其基本原理是在已知主生产计划的条件下，根据产品结构或产品物料清单（BOM）、制造工艺流程、产品交货期以及库存状态等信息，由计算机编制出各个时间段各种物料的生产及采购计划。物料需求计划经过发展和扩充逐步形成了制造资源计划（Manufacturing Resources Planning，MRP II）的生产方式，指以物料需求计划为核心的闭环生产计划与控制系统，将 MRP 的信息共享程度扩大，使生产、销售、财务、采购、工程紧密结合在一起，组成了一个全面生产管理的集成优化模式。相较于 MRP，具有更丰富的内容。

MRP、MRP II 在相应的历史阶段都发挥了极其重要的作用，但随着市场竞争进一步加剧，企业的竞争空间和竞争范围变得更加广阔，面向企业内部资源的 MRP 理论也逐渐显示出其局限性，主要体现为：随着企业竞争范围的扩大，要求在企业的各个方面加强管理，并要求企业有更高的信息化集成，要对企业的整体资源进行集成管理，而不仅仅对制造资源进行集成管理。同时，企业规模不断扩大，多集团、多工厂要求协同作战、统一部署，这已超出了 MRP 的管理范围。而互联网的发展要求企业之间加强信息交流和信息共享，信息管理要求扩大到整个供应链的管理，这些更是 MRP II 所不能解决的。企业迫切需要一种可以帮助企业有效利用和管理整体资源的平台代替 MRP II，ERP 随之产生。

ERP 将企业所有资源进行整合和集成管理，即将企业的物流、资金流、信息流进行一体化管理的信息系统。区别于以往的 MRP 或 MRP II 模块，ERP 系统不仅可以应用在制造型企业方面，而且可用于其他类型企业中，如在服务型企业中进行资源的计划和管理。一般情况下，ERP 系统会包括生产控制、物资管理和财务管理三个模块，这些系统模块是相互联系的统一整体，各系统模块之间的数据是完全集成和共享的。同时，ERP 系统也可以根据企业的不同需要对各个系统模块进行组合，以符合企业的实际情况，如图 7－1 所示。

20 世纪后期以来，伴随商业环境的变化，企业供应链管理的策略有了明显的变化，在注重企业内部的管理，追求自身灵敏性与竞争优势的同时，更主动地建立、改进与客户、供应商之间的战略同盟，处于领导地位的企业不是被动地与客户、供应商打交道，而是主动地引导、改变、管理它们之间的合作关系与业务模式，随着这样的需求诞生了供应商管理（Supplier Relationship Management，SRM）系统、客户关系管理（Customer Relationship Management，CRM）系统。企业不断优化生产制造管理模式，不断强化过程管理和控制，以追求更高的精细化，21 世纪初，生产制造执行系统（Manufacturing Execution System，MES）应运而生。随着供应链管理业务的专业细分，发展出仓储物流管理系统（Warehouse Management System，

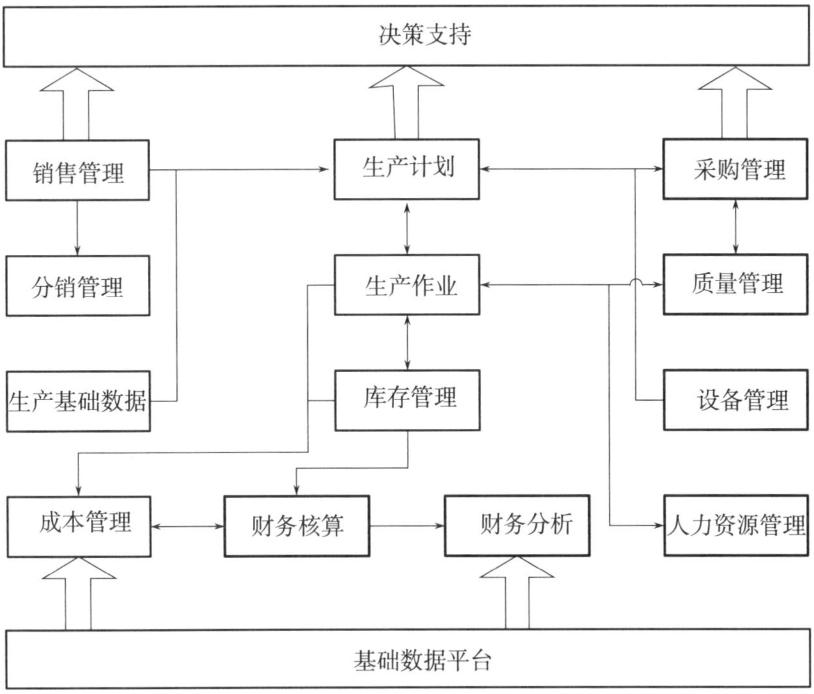

图 7－1　ERP 系统的通用架构

WMS）、高级计划与排程（Advanced Planning and Scheduling，APS）系统等，这些都是典型的记录级系统，主要负责将供应链中不同业务的管理和运营中的流程和数据进行标准化和自动化。

这些系统共同支撑了企业供应链的不断发展与变化。

7.1.2　数字化转型

数字化转型是通过数字技术的深入应用，构建一个全感知、全联接、全场景、全智能的数字世界，进而优化再造物理世界的业务，对传统管理模式、业务模式、商业模式进行创新和重塑，实现业务成功。数字化转型本质上是业务转型，是信息技术驱动下的一场业务、管理和商业模式的深度变革重构，技术是支点，业务是内核。在数字化转型的过程中，新技术的运用并不是主要目的，转型的根本目标是提升产品和服务的竞争力，让企业获得更大的竞争优势。

供应链领域同样也受到了数字化转型的巨大影响。数字化供应链，是将传统的开发、计划、采购、制造、交付和服务的线性工作模式，转变为信息流相互连接和先进能力的数字化管理模式。这种模式能够改善连接性、提高可视性、优化资源、加快反应速度，并协助公司进行整体决策。整个供应链模式转变为一个更有活力的、集成的供应网络。数字化供应链利用来自多节点的输入进行自我加强，从而通过提供实时信息来做出明智的决定，预测风险，并提供更好的端到端可视性，加速生产、分销和交付给客户。

简单来说，数字化供应链就是运用互联网、物联网、大数据、人工智能等新一代信息计划和现代化管理理念方法的新型供应链。

数字化供应链产生于数字经济时代，变革于传统供应链。企业要实现供应链的数字化转型，不是简单地进行数字技术的更新换代，而是要重新评估和改造现有的流程，从战略上结合新的数字化技术创造新的能力，从传统的供应链管理思维向数字化供应链转变，制定新的商业模式，实现对整个供应链组织形态、业务流程、商业模式、技术能力体系的全面变革，进而提前获得先发优势和利益。如果不改变上述关乎企业命脉的核心要素，任何数字化转型都可能只是短期解决方案。

2018 年，罗戈研究与京东联合推出了《数字化供应链综合研究报告》，并在其中发布了第一个版本的数字化供应链的参考架构，如图 7－2 所示。该参考架构定义了一个可为不同行业及企业参考的统一数字化供应链系统模型和高层次的变革策略及解决方案，同样也适用于航天企业。

在新的颠覆性技术的支持下，数字化供应链主要有以下几个方面特点：

（1）端到端的透明性

使整个供应网络具有可视性。为了在竞争中保持领先地位，组织需要对关键系统问题有基本的了解，并有能力确定这些问题的根本原因，以提供洞察力和解决方案。对于风险，组织迅速采取行动，控制影响。数字化供应网络利用传感器、新的和现有的数据以及可视化来跟踪和创建映射结构，了解各种供应网络杠杆。

（2）高水平的敏捷性

代表了整个供应网络的灵活响应、主动操作和实时交换数据的能力，推动

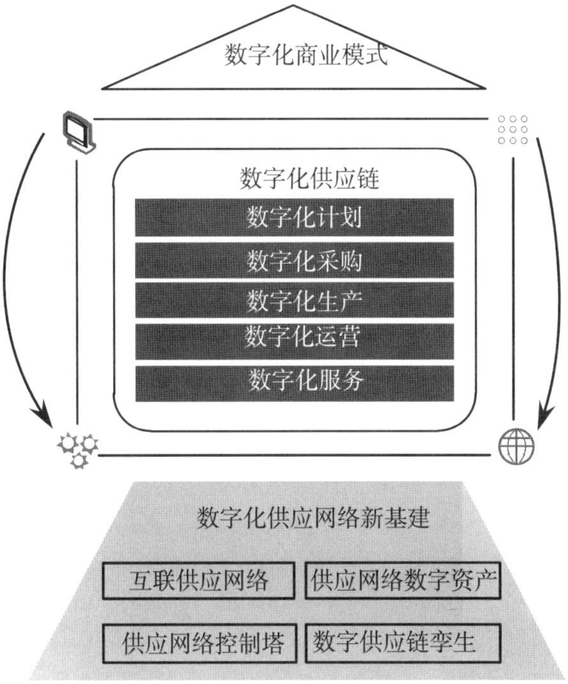

图 7－2　供应链数字化参考框架

了供应网络杠杆的灵活和主动反应。供应网络的每个节点都是连接的，并实时传递信息。例如，通过采用传感器或基于位置的服务，连续转发数据，进而消除系统中的任何延迟。

（3）连接的环境

加强所有合作伙伴和职能部门的跨职能合作。通过由供应商、合作伙伴、客户和其他人组成的庞大网络自由交换和直接分享信息的结果，促成更广泛的数据同步性。互联的供应网络增强了在孤岛上运作的各个节点之间跨职能的沟通和协作。

（4）资源优化

识别和利用正确的资源、人力或机器，以实现最佳工作的能力。这种能力促进了人和机器的合作，以实现预期的结果。机器和人的联合工作是数字化的进展方式，可以推动更有效的系统自动化。

（5）全面决策

涉及职能部门之间的透明度，以实现平行的可见性。从而推动整个组织更好地决策。数字化供应网络促进持续学习和参与战略决策所需的综合能力，通过提供解决复杂的供应链问题的整体方法，提升持续学习和做出最佳网络决策的能力，提高和价值绩效。

7.2　数字化应用场景

数字化供应链，能够将所有数据转移到线上，通过信息工具，打通供应链各环节信息交流限制，为企业提质增效。以下从计划、采购、生产三个方面，介绍数字化供应链的典型应用场景。设计研发是数字化供应链向上下游的延伸。

7.2.1　数字化计划

供应链计划是供应链管理的核心功能，也是企业核心竞争力之一。传统的以信息系统为传递媒介的供应链计划主要存在的问题是，计划系统中现有逻辑假设活动以主数据参数为依据，通过需求自动分解的生产和采购计划，无法根据实时动态的数据进行调整，计划系统无法识别变化并做出反应。同时，传统供应链技术的计划层层分解、线性传递，每一步的计划都是相互依存的，需要同步进行，然而通常情况下，计划技术和支持数据还缺乏数据透明度、可用性和同步性，导致无法真正形成企业内外集成的计划和执行。

数字化供应链计划要达到需求感知和数据驱动，物联网是核心技术。综合分析和认知技术支持实时、广泛的数字业务规划。数字化供应链计划必须涵盖整个价值链，供应网络不能仅在企业之内，必须扩展到多级供应商和客户。集成的计划和执行，其数字化供应链计划不仅在公司内部进行规划，包括需求规划、供应规划、库存规划等，要通过广泛的供应网络协同以实现无缝、低延迟的创新和履约，以满足甚至超越客户和消费者的体验。

（1）实现计划同步

供应链上的主计划带有主导性，带动供应链整体计划运转，但传统上一直受到数据透明度、可用性和同步性的限制。这些限制反过来又形成了供应链规划中长期以来的流程、指标、治理和组织规划模式的运作方式。

正如第 2 章所讲述的计划体系。计划从需求规划开始，需求规划者使用市场信息等输入条件，来确定支持业务的需求是什么。然后将这个需求与计划、实际和预测库存目标进行比较。这些“净需求”产生一个供应计划，即需要生产多少库存以满足市场需求，以及何时生产。然后，供应计划被制定成主生产计划（MPS），进而分解出一个有限的时间表内的详细生产计划。

最理想情况是这些计划都是相互依存的，需要同步进行。然而，实际上很难做到，主要是因为直到现在，计划技术和支持数据还缺乏足够的透明度、可用性和同步性。计划系统中的现有逻辑假设活动将按照主数据参数发生，当情况发生变化时，计划系统无法及时看到这些变化，并作出反应。

随着数字获取和数据处理手段的进步，“共享连接”使企业具备实现同步计划的能力状态。在同步计划状态下，企业能将 S&OP 等计划的管理能力提升到一个新的水平。利用人工智能、机器学习、机器人和认知流程自动化等技术，企业可以在最细微的层面上优化结果，使决策工作流程自动化，并实现实时的端到端生态系统协作。

（2）实现细颗粒和反应迅速的计划监控

对于计划监控，基于“永远在线”供应链，持续监控供应链的表现，并在扩展的供应链网络中进行协作，允许对供应链计划进行近乎实时的调整以提高响应能力。

基于云技术，整个供应链的各相关方利用一个共同的数据模型来实现实时或接近实时的信息交换，并将需求和供应规划功能紧密结合，以缩短响应时间。“链主”在不同的时间范围内通报和同步战略决策，并迅速整合到战术和运营计划中。

基于数据共享的决策还将颠覆传统的工作模式。例如，计划人员可以纵观整个价值链，而不是传统的需求、供应、材料、财务等方面的单独规划人员。这些计划人员可以进行跨职能的规划活动，从而减少了供应链职能部门垂直运作的壁垒，实现“整体决策”。这是一个变革性的概念，对传统的计划职能人才模式有重要影响。

7.2.2 数字化采购

采购包括采购业务和供应商管理。采购业务通常指采购物料和付款的商业交易。供应商管理则包含了更多与供应商的战略合作活动。

2010年以前，国内航天产业的采购基本是交易性的，其主要目的是以最低的成本补充企业所需的产品和服务。采购与财务、制造脱节，造成了一定程度上的延误和生产损失。2010年后，航天产业逐渐采用企业资源规划(ERP)，通过一个集成的交易系统，涵盖采购、财务和生产业务。在这段时间里，采购团队的成本节约工作与利润之间产生了联系，采购活动开始展示其价值。

（1）提升采购过程效率

从本质上讲，传统的采购执行是一个费力、耗时和容易出错的手工过程。即使是管理优秀的企业，典型的情况是有相关部门执行详细的手工交易，涉及订单发布、数量确认、材料交付通知、价格匹配、发票匹配、付款和结算。供应链上的不同企业的ERP系统通常不能相互交流，而且每个系统都有不同的文件格式，使这个过程更加复杂。如果计算一下采购在交易活动中消耗了多少时间，就会发现这里损失了大量的效率。

“智能优化”的手段保证大多数交易都可以自动化，从而在效率方面获得巨大的收益，提高准确性，并使从事增值活动的员工更有动力。通过“端对端透明性”延伸到了供应商，他们可以与价值链网络无缝连接，获得需求预测的可见性和实时库存。

根据需求信号，企业通过供应商管理（SRM）系统发布一个自动采购订单，基于云的供应商系统读取这个订单，参照采购订单的日期和数量创建了一个计划订单，然后自动创建了一个装运单，用于运输和向任务方发送装运通知以及发票。最后，订单验收入库，供应与需求相匹配，并根据付款期限自动支付发票。基于数据共享，这一系列的活动都可以自动进行。花在订单匹配、发票匹配、付款处理和结算上的时间可以大大缩短。

（2）提升供应商管理能力

对于寻源，尤其是新供应商的识别和引入，“智能优化“将采购流程数字化，以便快速筛选和设置，包括供应商的自助注册、竞争性招标、合同履约和在线谈判。它提供实时能力，根据决策标准评估供应商的报价，包括与成本分析和商品指数进行比较，以选择最佳供应商。

“智能优化”还可以利用认知分析工具来确定授予合同的最佳方案，并为价格谈判产生见解，确保节省时间和资源。费率验证投标和合规性分析可以通过具有人工智能和机器人（RPA）流程自动化的软件套件进行。一旦 RPA 上岗，可以启用新产品/服务的自动需求感应和报价，以提高执行过程中识别的效率。

“永远在线”的敏捷性是在潜在风险发生之前就做出反应的能力。它还能对网络中的需求、供应和产品运输进行实时跟踪。有了易于访问的主数据、交易数据和其他与供应有关的数据集，再加上同步规划能力的支持，供应网络的不确定性可以降到最低。主动的合同管理和对规则的监控自动实现了合规性，合规性的例外被识别和预测，以便由相关团队进行分析和解决。

“共享连接”通过实时信息交流，促进与供应商的交互合作。供应商收到来自组织的需求预测，分享他们的能力，并根据需求确认承诺。对于任何需求与供应商承诺的不匹配，计划的优化引擎和供应商协作门户可以被用来及时确定替代供应。将供应商与实时数据和实时协作（在满足信息安全要求的条件下，通过不同的社交工具、文本、语音、备忘录、视频通信等渠道）结合起来，消除了各种浪费。

数字化供应链建设的是下一代的供应商管理，具有价值最大化、成本优化、风险最小化和业务自动化的优点，利用了数据、技术和转型的采购流程的价值。数据和技术将战略采购转变为预测性战略采购，采购交易成为采购到付款的自动化。

7.2.3　数字化生产

数字化供应链生产，实际上包括了供应链的所有业务领域，但其主要部分是核心智能制造技术——零件或产品的物理生产和设备资产预测性维护有关的应用。在车间层面及以上，智能制造融合了信息技术（IT）和运营技术（OT），实现了整个数字供应网络的有效和高效运营及沟通。

（1）提升制造联网能力

智能制造的最关键一点是在工业环境中引入和应用网络-工业物联网（IIoT）。IIoT 代表了 IoT 的一个子集，侧重于连接工业环境中的工业资产或"物"，如制造设备、机床、操作员、IT 系统和智能产品。作为 IIoT 的先决条件，工业资产必须配备网络和传感能力，以及互联网连接。制造环境中的连接设备可以包括移动计算机、智能货架、机床或产品。

国外多个供应商已经创建了平台，允许托管各种通用和公司特定的应用程序、服务和分析。大多数平台遵循某些标准，确保互操作性和连接各种设备、产品和服务的能力。组成不同的微服务和/或应用程序的能力，而不是投资于专用的、单一的软件产品，对许多企业非常有吸引力。

智能制造通过网络连接机器、人、流程和数据（见图 7-3），提供更高的效率和质量。连接到数字环境的自动机器人在接收任务信息后，将材料转移到正确的存储位置，库存被实时地自动更新。自主车辆（AGV）将产品及时提供给所需的制造过程，并负责拣选和库存更新。制造过程是完全自动化的，包括基于视觉系统的现场质量监测，结合深度学习，一旦出现质量问题就立即识别。车间里的机床和实物资产的数字双胞胎让操作员在手持设备上实时监控和模拟材料流。"智能优化"预测一个机床出现故障时，有关的备件就会按需及时制造出来，使用快速成型制造，它拥有所有备件的数字文件。计划员通过指挥中心审查工厂的业务进展情况，指挥中心实时显示整体设备效率（OEE）和制造效率等指标。任何偏离计划的情况都会被动态地采取行动，以尽量减少对成本、质量和效率的影响。

（2）提升制造协作水平

智能工厂通过透明化、自动化和分析来扩展制造工厂和操作人员的能力，在维护操作安全的同时实现最佳的机器和人的效率。智能制造和智能资产管理的能力可以概括为：

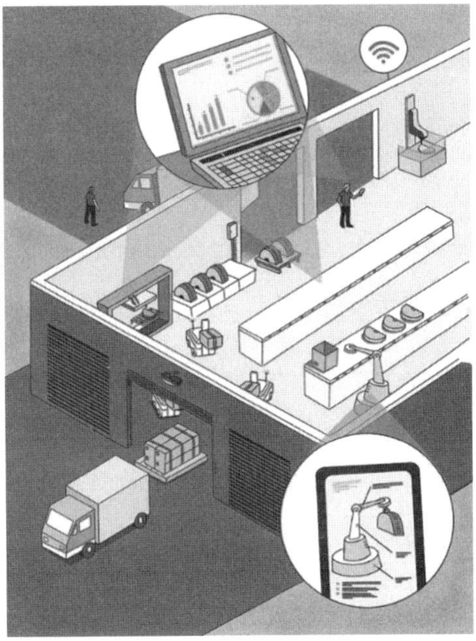

图 7 - 3　机器、人、流程与数据相互连接

1）动态可见性（“端到端透明性”）。在智能制造环境中，通过连接机器和传感器的网络，对实时状态进行监测，数字双胞胎网络使整个工厂的动态可见性得以实现。

2）最佳的操作（“智能优化”）。体现在两个部分：最佳制造计划和以正确的参数执行最佳计划。最佳制造计划是通过云端同步计划能力，结合智能制造，考虑用户需求、机器可用性、制造率、设置变化、组件和劳动力计划而实现的。这种实际执行的优化是通过持续的监测、分析和模拟，以及基于识别的异常值的实时调整来实现的。

3）工厂自动化。智能工厂的数字结构的核心是机器运行信息（通过传感器）、生产计划（计划系统）、仓库信息（仓库系统）、制造（MES 系统）和物料移动信息（运输系统）。这些集成的系统和流程可以通过机器人和 AGV/UAVs 使工厂的物料移动、储存和运输操作自动化。库存发布、交付和发票生成等交易可以通过 RPA（机器人流程自动化）实现自动化。

（3）提升制造不间断能力

工厂的制造性能是基于资产的可用性。工厂运营时每台机器都会随着时间的推移而发生故障，由此产生的停机时间会导致效率降低、产品缺陷、单位成本上升和订单推迟。

随着数字化转型的到来，预测性维护已经进一步成熟，预测性方法基于“预测和预防”模型来计算预计何时设备会发生故障，然后将其纳入维护计划。它通过机器学习算法使用先前的维修、过去的性能和服务数据来预测故障。停机时间和维护策略是通过假设模拟来规划最佳方案的，这实现了更高的零件使用率、更高的工厂效率、更低的单位成本，以及更安全的环境。

增材制造（AM）或3D打印提供了重新定义备件管理的机会。对于可以通过增材制造技术创建的零件，不需要持有实物库存，而是将数字文件作为库存保存，在计划内的维修或零件故障导致的计划外机器故障的情况下，按需打印所需零件。在一些特殊情况下，这种备件策略提供了关键优势。例如，未来的月球空间站，可以用AM车间取代库存，为其长期运营提供大量不同的备件。

智能化的资产维护能力允许一种新的服务模式出现，即智能服务，是设备制造商和用户的双赢。“共享连接”设备制造商通过连接的传感器对机器的最佳工作状态进行跟踪和管理。通过云计算技术，这种监测可以在设备制造商的所在地进行，大部分的修复工作可以通过双向连接进行，或者当需要人工干预时，工厂的维护人员可以利用VR（虚拟现实）的使能技术进行工作。

7.2.4 数字化设计研发

设计研发虽然不属于供应链管理范畴，但随着数字化技术的深入应用，数字化供应链也会向上下游不断延伸。

新产品的设计和开发过程需要大量的时间，用户需求多样和交付时间缩短，对传统的产品设计和开发过程的要求越来越高。数字化供应链可以和新产品的设计和开发结合起来，其服务目标不是设计新产品本身，而是对整个协作性供应链的设计过程进行管理。

随着物联网、人工智能和供应链数据的低成本获取，基于需求和使用数据的数据驱动的自动化设计，数字测试和模拟，数字/虚拟原型，以及复杂的数据驱动和适应性成本建模开始成熟。此外通过“整体决策”和“任务社区”，新的数字产品开发过程可以改变与供应商之间的联系方式，大大减少产品的开发时间和成本。

7.3　数字化支撑技术

数字化的技术正在释放巨大的机会，为公司、客户、员工和社会创造价值，新技术不断推动工业和经济进步的浪潮，同时也正在挑战传统的供应链管理。数字化供应链专注于重新构建以产品为核心的组织和管理，实现一个永远在线、永远连接、实时、适应性强和智能的供应数字网络（Digital Supply Network，DSN）。数字化供应链离不开技术支撑，随着科技持续发展，会有更多的成熟技术参与到供应链领域，产生更大的价值收益，值得关注的技术主要有：

（1）人工智能

人工智能指为流程和机器提供认知智能。机器学习算法使用模式识别的算法来解释数据并将其转化为实时洞察力，从而简化规划并使决策过程自动化。例如，可以采用机器学习，通过研究过去和实时采购数据，提高采购洞察力和采购到付款的流程效率。这可以用来通过自动化推动资源效率，提高流程效率。

通过部署机器人流程自动化（RPA）能力，可以实现人工智能和机器学习的渐进式步骤。此外，通过扩展 RPA 能力，存在机器学习改善受机器人影响的上游和下游的流程的潜力，从而为完全智能的供应链决策和执行奠定基础。

（2）云计算技术

云计算技术是一种基于网络的技术，允许访问可配置的系统资源和服务的共享池，可以用最小的成本快速配置。云计算技术使用数字基础设施来提供灵活性和提高访问在线数据的速度。它集成大量数据库，是一种汇总和分析信息的有效的手段，满足数字化供应链的基本需求。因为随着供应链复杂性的增加，有必要建立能够从多个节点实时收集数据并集中存储的系统。随着规划变得更加动态，云计算技术通过提供对性能的实时可见性来实现快速和准确的决策。它还为ERP系统提供了一个平台，能够实现多供应商的无缝整合。

（3）物联网和分析

物联网（Internet of Things）是一个由智能互联设备组成的世界。一个端到端的物联网解决方案包括三个主要部分：传感器、数据平台和分析工具。传感器实时捕捉流入数据平台的数据进行存储。分析工具从平台上提取数据，对其进行分析，并得出判断和做出决策。这些决策被用来在物理世界中执行。这就是物联网从数字到物理的循环。一个强大的物联网平台可以帮助创建一个具有物理-数字-物理闭环的“永远在线”的供应链。

（4）扩增和虚拟现实

扩增和虚拟现实作为一种使能技术，是增强现实（AR）、虚拟现实（VR）、360°视频和沉浸式技术的混合体。它作为一个数据源（来自传感器、照相机等），围绕传入的数据创建一个虚拟环境。然后，可以使用手势、发声命令和注视数字体验的组合与新的现实进行互动。虽然所有这些数字现实技术都在服务于同一个主题，但它们各自都有独特的特征。

（5）机器人

机器人技术提供的各种技能，可以节省大量时间和金钱。企业中常见的机器人有两种主要类型。第一种机器人，是被设计来执行一项任务的机器，可以是自主的，也可以是半自主的（例如，在装配线上的机器）。第二种是协作机器人，在工作环境中与人类进行物理互动。例如，使用先进的机器人技术与人类运动相结合，快速有效地对装配车间的零件进行质量检查的质量保证的机器。

（6）区块链

区块链是一个开放的、分布式的账本，可以有效地以可验证的、永久的方式记录双方之间的交易。它使竞争和不信任的供应链参与者之间的协作成为可能，以提高集体供应链的安全性。通过智能区块链，结合宇航的数据包系统，可以创造一个不可改变的、有时间戳的和永恒的记录手段，实现一种高效率追踪机制。这种能力可以进一步用于更广泛的应用，涉及实时数据可见性和通过安全共享的数据保护，通过将供应链、金融、人力资本和IT的各种要素联系起来，帮助组织推动更广泛的战略目标。

（7）认知自动化

认知自动化可以用来实现多个来源的实时数据传输，以提供用于增强人和机器能力的智能洞察力。简单地说，认知自动化基于将智能引入信息密集型流程。它可以处理自然语言、推理和判断以提供洞察力。认知智能有一个谱系，从基本的预测性智能，到独立的人工智能。认知自动化的主要类别为：人工智能、智能自动化和分析、机器人流程自动化等。

第 8 章　供应链流程管理

流程本身是一个很宽泛的概念，包含的内容和要素非常多。本章主要聚焦供应链的业务流程，介绍企业如何结合自身战略构建流程体系，以实现业务的端到端贯通；如何调整组织架构实现流程的落地执行；如何建立指标体系实现流程的持续改进。

8.1　流程体系建设

企业完成战略规划，确定了战略目标，接下来就是建立流程体系，推动业务模式落地，最终实现企业目标。

流程是通过一系列动作，完成某个业务活动的过程。流程体系，就是一系列流程的有机组合，共同达成某一个战略目标。

构建供应链流程体系，是将与供应链相关的计划、需求、采购、生产、库存等业务流程，按照一定的规则和层级进行优化、整合，保障整个供应链活动的完整性、系统性、规范性，实现快速交付产品、低成本运营的管理目标。

流程体系的建设过程，可以分为四个步骤：

1）设计体系框架。

2）构建应用场景。

3）规范管理要素。

4）绘制业务流程。

8.1.1　设计体系框架

企业的流程体系框架，是一种“分级分类框架”，是对企业业务模式的结构化展示。

（1）流程分类

流程可以分为战略、运作、支持三类。

战略流程，涉及企业的战略目标、发展方向，一般包含企业的战略规划、制定流程等。

运作流程，是直接为客户创造价值的流程，一般是从需求到交付的端到端流程。

支持流程，是间接为客户创造价值的流程，一般包含人力、财务等保障流程。

（2）流程分级

流程分类后就是流程分级，流程分级可以看作整个流程体系框架设计的核心环节。

流程分级的方法有很多，下面以 APQC（美国生产力和质量中心）方法为例。APQC 将流程定义为五级。分别是类别、流程组、流程、活动和任务。

1）类别。代表企业中最高层级的流程。例如供应链管理、研发管理、市场管理等。对一个企业来说，这一级别的流程分类不会太多，一般在 10 ~ 20 个之间。

2）流程组。代表下一级别的一组流程。以供应链为例，下层级包含计划管理、采购管理、生产管理、仓储物流管理等。计划管理就是流程组，被看作一系列流程的集合，不需要绘制具体的计划管理流程。

3）流程。代表一系列相关的活动。例如，计划管理的下层级包含订单计划流程、主生产计划流程、采购计划流程等。主生产计划流程就是一个具体流程，有输入和输出，能够清晰表明业务的实施过程。

4）活动。代表执行某个流程的关键动作。例如，主生产计划流程中的活动，包含收集需求、制定主生产计划、评审计划、发布计划等。制定主生产计划就是一项活动，描述某个动作详细执行过程，可以细化到岗位角色、信息系统、操作步骤。

5）任务。代表活动的下一层级动作，通常会更加细致。一般情况下，任务层就代表了企业流程体系框架的最小业务单元。并不是所有的流程都能分解到任务层，有些业务比较简单，分解到流程或活动层级就结束了。

建立流程体系框架，对流程分类分级的目的，是通过对业务进行合理归纳，使流程可以更加形象、清晰地展示出来，便于流程的设计、维护和管理。一个形象的比喻，就是把流程体系框架看成地图，对应关系见表 8-1。

表 8-1　流程层级对应关系

流程分类	亚洲
类别	中国
流程组	黑龙江省
流程	哈尔滨市
活动	南岗区
任务	红军街

流程体系框架只是用于展示，并不会对实际业务造成影响，有些企业采取其他分类方法，例如把流程分为价值链层、业务域层、逻辑关系层、流程活动层四个层级，这样也是可行的。

(3) 建立流程清单

一般情况下，在完成流程体系框架后，都会建立流程清单。建立流程清单是对体系框架的梳理过程，包含从最顶层到最底层的所有流程，是全部流程的集合。与体系框架相比，流程清单的内容更丰富，除了包含每个流程的名称、层级，还有流程的输入、输出，以及流程责任人，便于后续开展具体的流程设计工作。

某企业根据企业战略，对流程体系进行了顶层架构设计，包含了 15 大业务域，如图 8-1 所示。

再结合事业部战略，对集成供应链业务域进行了细化分解，形成了 9 个流程组，如图 8-2 所示。

8.1.2　构建应用场景

流程清单中的每个流程，相当于一个个积木，将积木进行有序的排列组合，就形成了一个个作品。

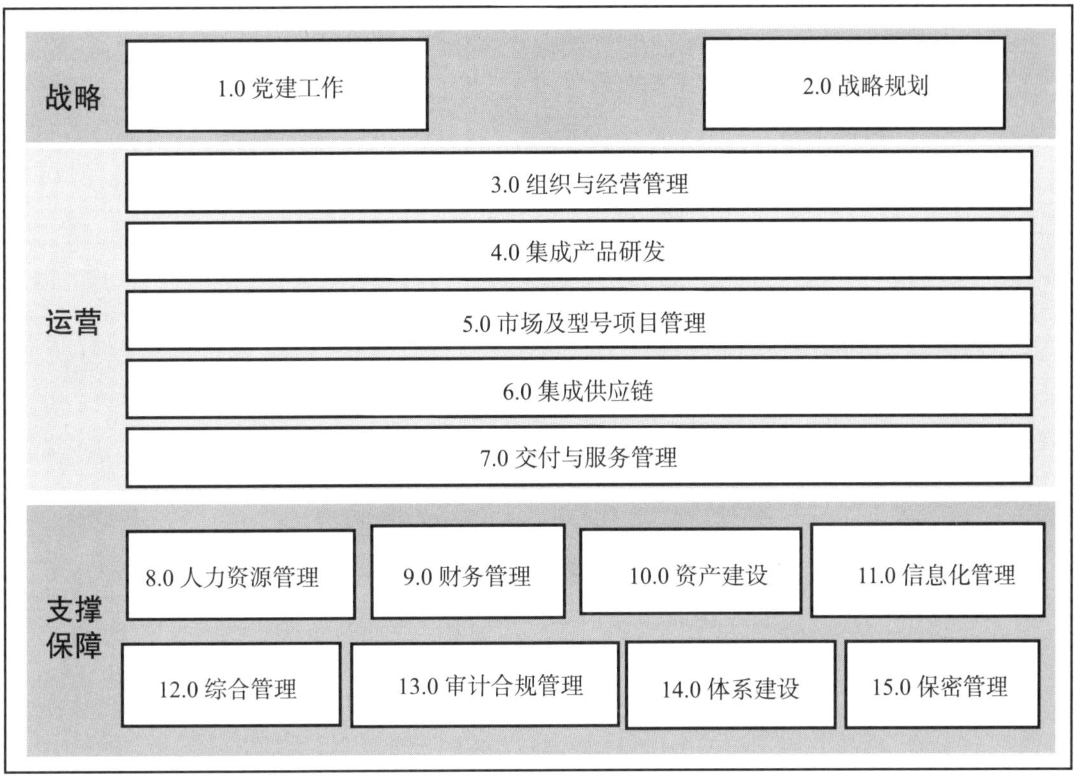

图 8－1　流程架构

构建流程应用场景，就是按照业务逻辑，把流程进行串联，构建一个个端到端的实际业务场景。

通过对业务场景的梳理，可以识别出流程端到端的缺失环节，从而保证流程的贯通性和覆盖性。

同时，如果在场景构建过程中，识别出某个流程反复出现，说明这个流程是高频流程，在后期的设计维护时需要重点关注。

8.1.3　规范管理要素

设计一个流程，最基本的是绘制出流程图，但是要想保证流程有效执行，光有流程图远远不够，还需要配合流程活动的描述、角色岗位、操作说明、表单、输入输出、流程指标、风险控制措施等，这些都属于流程的管理要素。管理要素只有全面、规范，流程执行才能精准、高效。

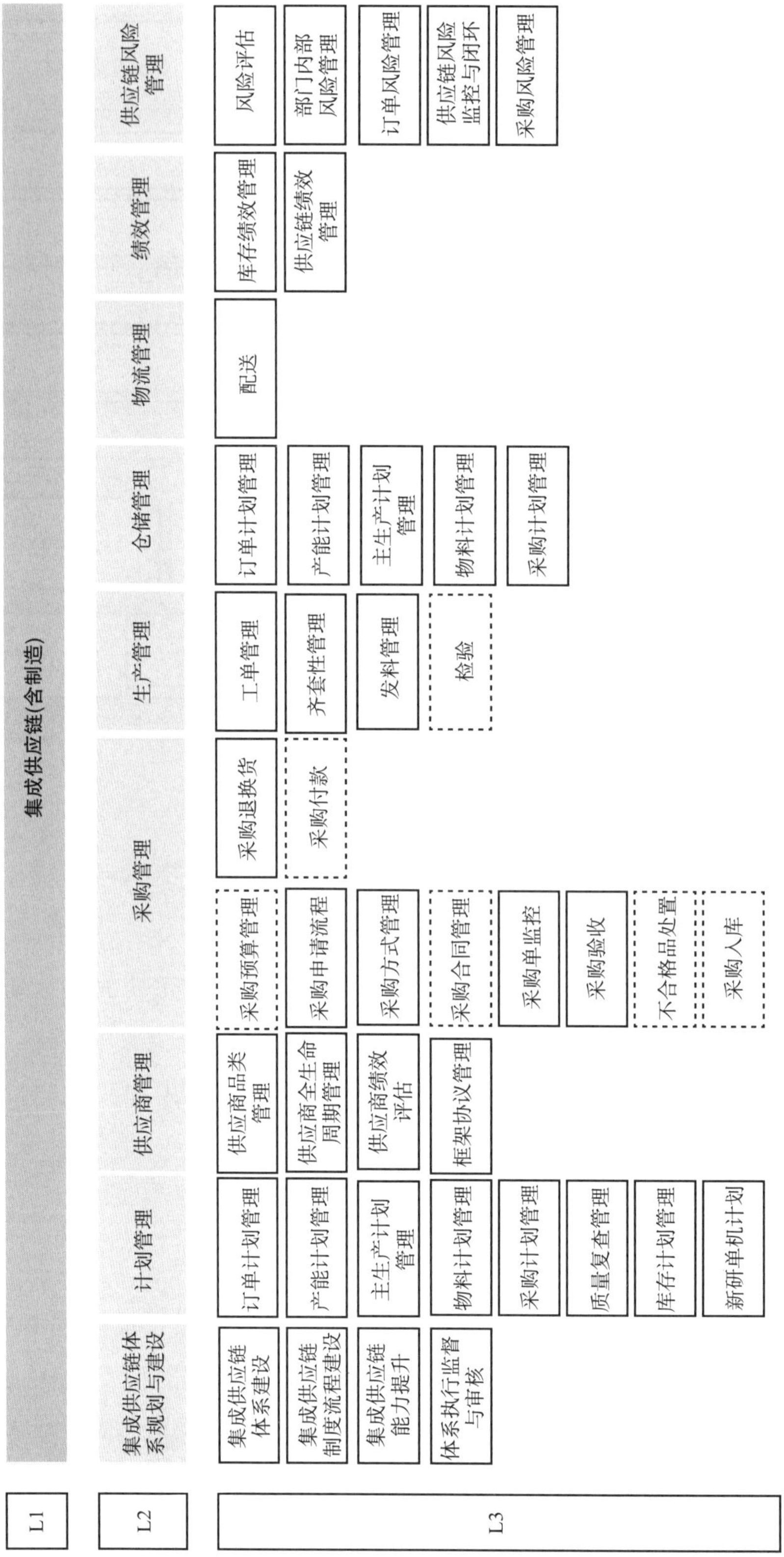
L1
L2
L3
集成供应链(含制造)
集成供应链体系规划与建设
集成供应链体系建设
集成供应链制度流程建设
集成供应链能力提升
体系执行监督与审核
计划管理
订单计划管理
产能计划管理
主生产计划管理
物料计划管理
采购计划管理
质量复查管理
库存计划管理
新研单机计划
供应商管理
供应商品类管理
供应商全生命周期管理
供应商绩效评估
框架协议管理
采购管理
采购预算管理
采购申请流程
采购方式管理
采购合同管理
采购单监控
采购验收
不合格品处置
采购入库
采购退换货
采购付款
生产管理
工单管理
齐套性管理
发料管理
检验
仓储管理
订单计划管理
产能计划管理
主生产计划管理
物料计划管理
采购计划管理
物流管理
配送
绩效管理
库存绩效管理
供应链绩效管理
供应链风险管理
风险评估
部门内部风险管理
订单风险管理
供应链风险监控与闭环
采购风险管理

图 8－2　流程域细分架构

因此，通常在开展具体的流程设计前，首先应当明确管理要素的标准规范，必要时可以作为企业级管理要素进行发布，以保证流程设计过程中使用“统一语言”。

以下介绍某企业流程管理要素的业务规则。

（1）术语

流程术语定义，见表 8－2。

表 8－2　流程术语定义（模板）

序号	属性	是否必填	填写方式
1	缩写	必填	文本填写
2	名称	必填	文本填写
3	定义	必填	文本填写

（2）绩效

流程绩效定义，见表 8－3。

表 8－3　流程绩效定义（模板）

序号	属性	是否必填	填写方式
1	指标名称	必填	文本填写
2	指标描述	必填	文本填写
3	数据源	必填	文本填写
4	计算公式	必填	文本填写
5	计量单位	必填	文本填写
6	统计频率	必填	文本填写
7	统计途径	必填	字典选择
8	说明	选填	文本填写

（3）角色岗位

流程岗位定义，见表 8－4。

表 8－4　流程岗位定义（模板）

序号	属性	是否必填	填写方式
1	名称	必填	文本填写
2	简称	选填	文本填写
3	涉及部门	必填	字典选择

(4) IT 系统

流程 IT 系统定义，见表 8－5。

表 8－5　流程 IT 系统定义（模板）

序号	属性	是否必填	填写方式
1	系统类别	必填	字典选择
2	系统简称	必填	文本填写
3	系统名称	必填	文本填写
4	系统功能	必填	文本填写
5	负责部门	必填	字典选择
6	系统管理员	必填	字典选择

(5) 表单

流程表单定义，见表 8－6。

表 8－6　流程表单定义（模板）

序号	属性	是否必填	填写方式
1	表单编码	选填	文本填写
2	表单名称	必填	文本填写
3	描述	必填	文本填写
4	表单类型	必填	字典选择
5	主管部门	必填	字典选择
6	使用部门	必填	字典选择
7	附件	必填	附件上传

(6) 制度

流程制度定义，见表 8－7。

表 8－7　流程制度定义（模板）

序号	属性	是否必填	填写方式
1	制度名称	必填	文本填写
2	制度文号	必填	文本填写
3	制度来源	必填	字典选择
4	制度类别	必填	字典选择
5	发布日期	必填	文本填写

续表

序号	属性	是否必填	填写方式
6	类型	必填	自动生成

（7）风险与控制

1）流程风险类别，见表 8－8。

表 8－8　流程风险类别定义（模板）

序号	属性	是否必填	填写方式
1	风险名称	必填	文本填写
2	类型	必填	自动生成
3	编号	必填	自动生成
4	风险类别	必填	字典选择

2）流程风险控制，见表 8－9。

表 8－9　流程风险控制定义（模板）

序号	属性	是否必填	填写方式
1	控制名称	必填	文本填写
2	类型	必填	自动生成
3	编号	必填	自动生成
4	控制描述	必填	文本填写
5	控制方法	必填	字典选择
6	控制频率	必填	文本填写
7	控制实施证据	必填	文本填写

8.1.4　绘制业务流程

确定了流程管理要素，就可以按照统一的标准绘制流程。流程图没有标准样式，也没有标准工具，企业可以根据自身需求进行选择，只要在绘制过程，按照企业统一的标准和规范就可以。

以下介绍某企业流程图绘制规则，如图 8－3 所示。

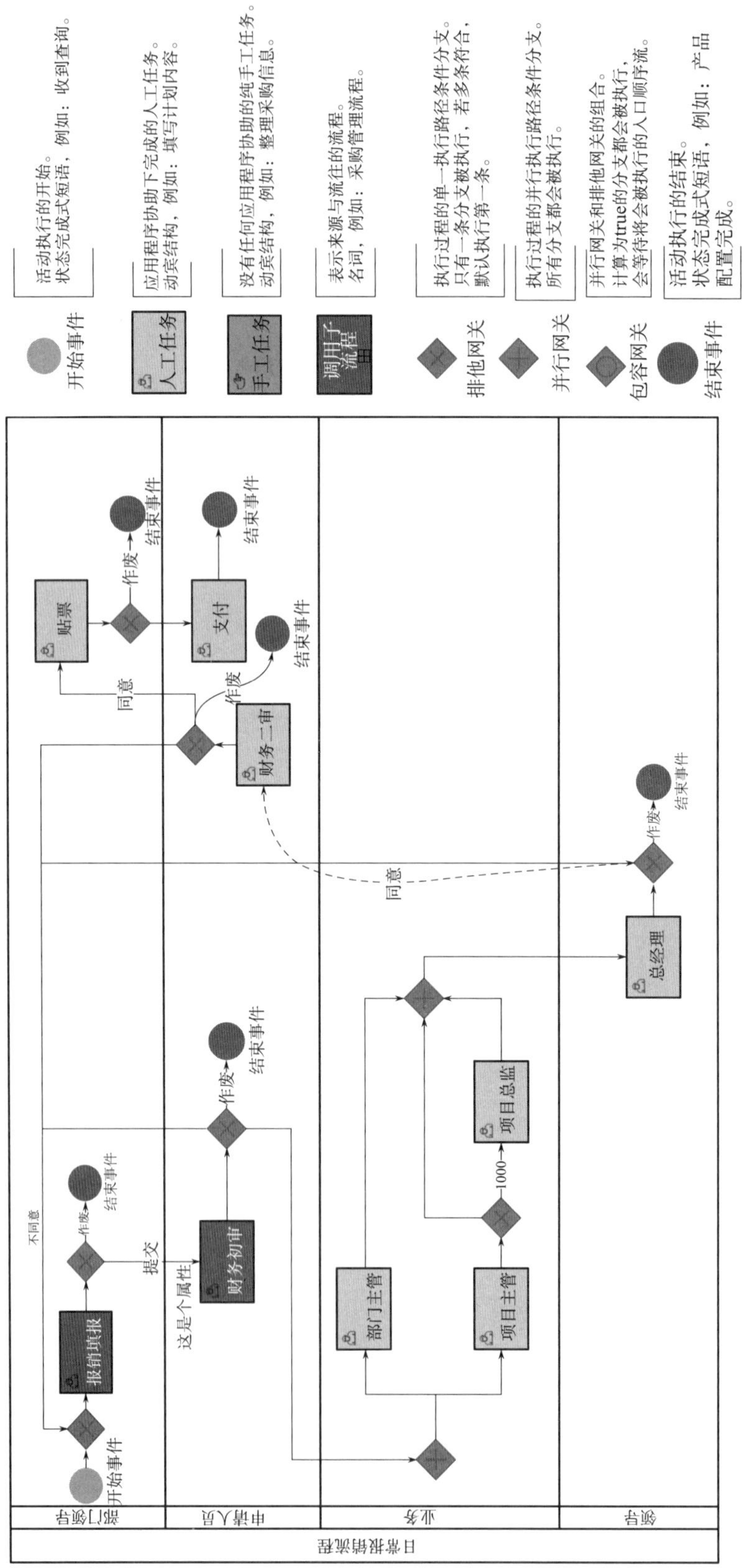

图 8－3　流程标准化绘制示意图

（1）流程的属性规则

流程的属性定义，见表 8－10。

表 8－10　流程的属性定义（模板）

序号	属性	是否必填	填写方式	要求与规则
1	名称	必填	文本填写	表达样式：××流程
2	编号	必填	文本填写	业务域—Lx（级别）—××（数字）
3	描述	必填	文本填写	简述流程管理活动及目标，表达样式：本流程规范了/描述了/应用于×××
4	输入	必填	文本填写	简述流程输入条件，表达样式：××表单/文件/方案/报告
5	输出	必填	文本填写	简述流程输出内容，表达样式：××表单/文件/方案/报告
6	责任部门	必填	字典选择	流程 owner 所在部门
7	责任人	必填	字典选择	流程 owner
8	前置流程	选填	字典选择	业务场景的起点流程可不填写
9	后置流程	选填	字典选择	业务场景的终点流程可不填写
10	流程绩效	选填	字典选择	
11	分类	必填	自动生成	
12	术语	选填	字典选择	

（2）活动的属性规则

流程活动的属性定义，见表 8－11。

表 8－11　流程活动的属性定义（模板）

序号	属性	是否必填	填写方式	要求与规则
1	名称	必填	文本填写	动宾结构，最多不能超过 15 个字。表达样式：创建××表单，签署××意见
2	类型	必填	自动生成	
3	流程活动编号	必填	文本填写	按流程步骤顺序编号；编号统一使用三位数字，前面补充“0”；出现判断需要横向建模显示的，按建模时自左向右的规则编号（综合而言编号次序为：自左至右，自上而下）；每条流程原则上步骤数量为 4～15 个，流程步骤小于 4 个则考虑是否应该与其他流程合并，流程步骤大于 15 个请考虑是否应该拆分；流程手册根据该编号排序生成流程描述

续表

序号	属性	是否必填	填写方式	要求与规则
4	描述	选填	文本填写	可对该活动的规则、要求、目标等进行详细说明，建议使用4W1H方法：执行者（Who）……，时间或状态（When）……，地点（Where）……，处理对象（What）……，完成标准（How）……，来详细描述该业务活动内容，如果有相关制度可参考其描述，例如活动质量体系文件、操作手册、标准等 例如：申请人所在部门领导在收到申请人审批单时，在××系统审批申请单界面根据自身业务知识和相关制度条款审核申请人填写的申请信息，并且批复申请结果
5	输入	选填	文本填写	活动输入条件，包括表单、资料等（多对象用“;”分开）
6	输出	选填	文本填写	活动输出内容，输出的要求与输入相同
7	责任者	必填	字典选择	与泳道角色保持一致
8	表单	选填	字典选择	
9	IT系统	选填	字典选择	人工任务必填
10	关键风险点	选填	字典选择	每个流程必须关联体现关键风险点
11	风险描述	选填	文本填写	表达样式：由于×××可能导致×××的结果
12	关键控制点	选填	字典选择	风险点与控制点相互呼应
13	控制措施描述	选填	文本填写	简述控制措施内容及列示形成报告、表单、签字等控制证据。表达样式：C1－1×××，C1－2 ×××
14	制度	选填	字典选择	
15	活动绩效	选填	字典选择	
16	关键事项	选填	文本填写	体现角色在进行该活动时需要注意的关键事项

8.2　岗位体系建设

岗位体系是一种战略性人力资源管理工具，将组织中的岗位和任职者予以分类，针对不同类别的特点和需求，采用不同的人力资源管理策略，大大提升管理的有效性。

在流程体系建设过程中，角色/岗位是最重要的管理要素之一。流程中的每个活动，只有明确了角色/岗位，才能真正落地执行。因此，要做好供应链流程，岗位体系的建设必不可少。

企业的岗位体系建设可以有多种方式，一般情况下，岗位体系建设应考虑岗位序列、岗位层级、岗位设置、岗位职能说明四个方面。

8.2.1 岗位序列

岗位序列是将不同岗位进行归类管理，是具有相似工作内容、工作性质岗位的通称。

岗位序列划分要结合企业战略、业务和组织规模，一般可以划分为管理序列、职能序列、技术序列、营销序列、操作序列。

管理序列从事管理工作并有一定的职务，例如企业的中高层领导。

职能序列从事各个方面职能管理，例如供应链管理岗位体系，就属于职能序列的范畴。

技术序列从事研发、设计工作，例如企业的研发技术人员。

营销序列从事市场、销售工作，例如企业销售人员，这一序列的绩效考核往往差异最大。

操作序列从事具体的生产作业，例如车间工人。

8.2.2 岗位层级

岗位层级是岗位价值的体现，也与企业组织规模相关。一般情况下，组织规模越大，组织层级会越多。

相对而言，供应链岗位属于职能序列，岗位本身与业务相关，不需要单独考虑岗位层级。

8.2.3 岗位设置

岗位设置是与业务流程紧密相关的，如果流程定义的活动，所需人员的专业性越强、分工越细，就越应该设置专门的岗位。

需要说明的是，流程中一定存在角色，但不一定存在岗位。岗位设置要寻求专业分工与效率的平衡。

8.2.4　岗位职能说明

最后要对设置岗位的权利、责任和义务进行定义说明。同时，企业还需要考虑岗位对应的绩效、薪酬、培训、考核等方面内容。

某企业实施集成供应链管理，涉及的角色超过100种，结合实际业务，一共设置了六个专业岗位，岗位职责如下。

（1）需求计划员（DP）主要职责

1）制定MPS产品的主生产计划。

2）组织产品订单评审，承诺用户交付时间。

3）监控订单执行情况，识别并向科研市场处反馈交付风险。

4）制定并落实成品库存策略，组织分析成品呆滞库存的产生原因，提出解决措施。

（2）生产计划员（PP）主要职责

1）创建工单（WO）。

2）组织识别产能计划，参与订单评审、主生产计划制定等活动。

3）定期组织生产评估，监控并向需求计划员（DP）反馈生产过程执行风险。

4）制定并落实半成品库存策略，组织分析半成品呆滞库存的产生原因，提出解决措施。

（3）物料计划员（MP）主要职责

1）创建采购申请（PR）。

2）组织识别物料可得性计划，参与订单评审、主生产计划制定等活动。

3）定期组织采购评估，监控并向生产计划员（PP）反馈采购过程执行风险。

4）制定并落实元器件/原材料库存策略，组织分析元器件/原材料呆滞库存的产生原因，提出解决措施。

（4）生产排程员（PS）主要职责

1）进行生产排程，制定详细生产计划。

2）识别生产风险，制定解决措施，跟踪并向 PP 反馈生产进展。

（5）采购员（BUYER）主要职责

1）依据采购申请（PR），创建采购单（PO）。

2）识别采购风险，制定解决措施，获得供应商最佳承诺，跟踪并向 MP 反馈采购进展。

3）合同签署的跟踪、闭环。

（6）库存计划员（IP）主要职责

1）定期组织库存策略评审，监控呆滞库存趋势，定期组织开展库存数据分析。

2）组织开展库存盘点，跟进盘点结果，进行差异分析。

3）根据年度库存周转率目标，分解到成品、半成品、元器件/原材料的库存周转率目标。

8.3　指标体系建设

当企业完成流程和岗位体系建设后，就可以依据流程开展业务。企业需要对业务的执行过程进行监控，确保流程运行结果达到了预期目标。因此，企业需要结合战略目标、业务流程、组织岗位，设计出符合自身业务特点的指标体系。

指标体系就是衡量企业业务状态的指标合集。一个指标，或者几个毫无关联的指标，不能称为指标体系。

指标体系的作用：监控业务情况，当业务出现异常时，能够通过分解指标快速定位和解决问题，并结合分析情况对业务进行改进。

指标体系的建设方法也有很多，常见的有关键绩效指标（Key Performance Indicator，KPI）和平衡计分卡（Balanced Score Card，BSC）两种。

8.3.1　KPI

KPI 是对工作中的关键环节，进行指标的量化衡量和分析。

KPI 在设计上考虑“二八原理”，即 80％的工作任务是由 20％的关键行为完成的，所以要将绩效评估的重点，放在关键的结果和过程上。

（1）设计步骤

KPI 是纵向指标体系，要先结合企业战略，确定企业级 KPI。再由各业务部门进行分解，得到部门级 KPI。最后，再进一步分解到具体岗位、流程的 KPI。

这样的设计方式，体现了 KPI 体系的系统性和流程性。企业、部门、人员有独立的 KPI，而且是依据战略目标层层分解，相互支撑。同时，KPI 落到流程和岗位上，明确了载体和责任主体。

（2）设计方法

KPI 设计可以采用 SMART 原则。

S 代表具体（Specific），指绩效考核要符合工作目标。

M 代表可度量（Measurable），指绩效指标要量化，可以定性或定量展示。

A 代表可实现（Attainable），指绩效指标在付出努力的情况下可以实现。

R 代表有关联性（Relevant），指绩效指标符合企业战略，企业、部门、人员的 KPI 具有关联性。

T 代表有时限（Time－bound），指绩效指标存在明确的考核区间。

（3）评价标准

指标体系确立之后，还需要设定评价标准和审核机制。例如，企业如果在供应链管理 KPI 中，设计了一项指标为订单完成率，标准就是完成率达到多少算合格，80％还是 90％。

（4）主要优点

1）指标从关键业务提取，目标导向明确，有助于快速达成企业阶段性目标。

2）考核标准客观、公正、可衡量。

3）考核目标明确，指标清晰，可以有效激励员工。

4）方式简单，操作性强，管理成本低。

（5）主要缺点

1）需要准确找到关键业务，并实现数据量化展示，设计难度大。

2）一些业务只能定性分析，不能定量分析，不适用 KPI 方式，考核范围有限。

3）一旦实施，容易让企业和员工只关注 KPI，而忽视原本目标，缺乏弹性。

某企业供应链管理的部分 KPI 指标，见表 8－12。

表 8－12　KPI 指标清单

指标分类	指标二级分类	指标名称	指标定义	指标计算公式	计量单位	重要程度	维度	更新频率
单机产品订单管理	订单完成情况	全年订单完成率	全年完成订单占订单总数的百分比	已交付订单/全年订单	百分比	核心	年	每日
		各部门订单完成率	全年完成订单占订单总数的百分比	各部门已交付订单/各部门全年订单	百分比	核心	部门	每日
	异常订单情况	超期订单比例	超期订单占订单总数的百分比	已过期未交付订单/全年订单	百分比	核心	月	每日
		风险订单比例	预计推迟订单占订单总数的百分比	预计推迟订单/全年订单	百分比	核心	月	每日

8.3.2　BSC

BSC 是从财务、客户、内部运营、学习与成长四个角度，将组织的战略落实为可操作的衡量指标和目标值的一种绩效管理体系。

相比而言，KPI 体系考虑“二八原理”，BSC 寻求财务与非财务的平衡，长期目标与短期目标的平衡，外部和内部的平衡，结果和过程平衡等。

（1）设计步骤

BSC 在设计上，首先也是根据企业战略，制定财务指标。根据财务指标，分解下级客户指标，例如订单完成率、客户满意度等。再根据客户指标，分解需要达到的内部运行指标。最后，为了实现内部运营，制定学习与成长指标。

BSC 的四个方面指标，是层层递进、层层支撑的关系。

（2）BSC 特点

1）支持企业战略管理。随着全球经济一体化进程的不断发展、市场竞争的不断加剧，战略管理对企业持续发展而言更为重要。平衡计分卡的评价内容与相关指标和企业战略目标紧密相连，企业战略的实施可以通过对平衡计分卡的全面管理来完成。

2）提高企业整体管理效率。平衡计分卡所涉及的四项内容，都是企业未来发展成功的关键要素，通过平衡计分卡所提供的管理报告，将看似不相关的要素有机地结合在一起，可以大大节约企业管理者的时间，提高企业管理的整体效率，为企业未来成功发展奠定坚实的基础。

3）注重团队合作，防止企业管理机能失调。团队精神是一个企业文化的集中表现，平衡计分卡通过对企业各要素的组合，让管理者能同时考虑企业各职能部门在企业整体中的不同作用与功能，使他们认识到某一领域的工作改进可能是以其他领域的退步为代价换来的，促使企业管理部门考虑决策时要从企业出发，慎重选择可行方案。

4）提高企业激励作用，扩大员工的参与意识。传统的业绩评价体系强调管理者希望（或要求）下属采取什么行动，然后通过评价来证实下属是否采取了行动。

（3）主要优点

1）实现企业战略目标落地，BSC 的设计过程，是将顶层战略进行层层分解，形成具体的量化指标，保证了企业战略目标的精准量化和定位。

2）实现企业财务指标和业务指标的相互融合，BSC 一般以公司经营指标作为首选，结合财务目标分解业务指标，保证了企业持续健康运营。

3）实现企业短期目标和长期利益的相互融合，既考虑客户利益，又考虑员工成长，保证了企业的可持续发展。

（4）主要缺点

1）BSC 设计难度大，企业一旦确定采用 BSC 的考核方式，就需要充分考虑指标的全局性，必须建立一套完整的指标体系，契合企业战略和具体业务，并能够有效获取考核相关数据。

2）BSC 是以实现企业战略为目标，分解指标多为具体业务，而不是面向具体员工，对个人的考核力度有所欠缺。而且 BSC 是一项系统工程，主要是从流程机制上进行改善，短期收益并不明显。

某企业根据管理目标、实施策略以及运行情况，设计的供应链管理平衡记分卡，见表 8－13。

表 8－13　BSC 指标清单

➢财务： 1. 库存 1)成品库存周转率 2)半成品库存周转率 3)元器件库存周转率 2. 运行成本 1)呆滞成品库存 2)呆滞半成品库存 3)呆滞元器件库存	➢内部运营流程： 1. 计划执行 1)工单完成率 2)采购单完成率 2. 过程控制 1)在制品数量 2)上线齐套率 3)计划排程准确率 3. 供应商管理 1)供应商交付合格率 2)供应商绩效评分
➢客户： 1. 顾客满意度 1)顾客满意度评分 2. 交付及时性 1)订单需求时间交付率 2)订单承诺时间交付率 3. 交付质量 1)产品不合格审理次数 2)产品报废比例 3)产品返修次数	➢学习与成长： 1. 员工培训 1)员工满意度 2)专业资格认证比例 3)人员年度培训次数

8.4　审计机制建设

流程体系建设也不是一蹴而就的，需要不断地进行流程改进。建立审计机制，是想通过系统性、规范性、长效性的方法手段，不断优化管理流程。

8.4.1　审计原则

（1）思路

审计是为了发现问题缺陷，实现“发现—分析—完善—验证”的迭代改进，达成管理改善的最终目标。审计重点是查找三个方面缺陷：

1）设计缺陷（该说不说）：业务动作是否形成了标准化流程。

2）执行缺陷（说了不做）：业务动作是否按流程执行。

3）控制缺陷（做了不说）：业务动作是否违规操作。

（2）原则方法

从审计重点看，关键抓手在于流程。因此，审计活动是基于“业务流程”开展，并将流程产生的“业务数据”作为审计的校验依据。

1）业务流程（基线）：按照流程中规定的输入、输出、关键控制点、报告表单、KPI等，检查流程是否真正落地，有没有“说了不做”的情况。

2）业务数据（校验）：依据明确的报表要求，抓取需求、设计、生产、采购、库存等相关数据，以及其他关键数据（主数据、BOM、用户权限），反向验证流程执行，同时查找“做了不说”的情况。

以上两项工作，主要是查找解决执行缺陷和控制缺陷，设计缺陷往往需要结合上述两项的审计结果。分析是流程本身问题（设计不合理、执行成本高、系统不支持等），还是其他原因（组织架构不合理、人员不足、操作不规范等），再制定相应措施。

8.4.2　实施方法

（1）建立审计机制

从企业层级建立一套审计机制，配备专业化的审计团队，以及标准化的审计流程和制度。通过明确审计的组织架构、对象、内容、标准，固化审计活动，逐步改善组织流程，改变人员观念。

1）审计组织架构。确定审计组织形式，包含团队和职责。

2）审计范围。审计要做到全面覆盖，包含供应链涉及的所有部门。

3）审计基线。审计基线应标准、规范，一般建议将供应链流程体系作为审计基线。

4）审计内容。以供应链流程为基础，包含流程涉及的业务执行情况和相关数据。

5）审计结论。依据流程和数据，客观公正记录问题并形成审计报告。

6）审计要点。一般包含流程的输入、输出、控制点、风险点、考核指标等信息。

（2）实施审计活动

审计工作建议由供应链管理机关组织，频率视供应链运行情况，初期为了加强管理，可以每季度组织一次。审计活动可以分成两个阶段。

第一阶段是预审，审计双方以交流为主，熟悉流程，确认关键点，准备相应数据。审计工作常态化以后，可视情况逐步简化预审环节。

第二阶段是正式审计，审计组按基线清单查找问题，评估整改情况。组内可视情况划分审计范围，并行开展工作。

审计结束后，组内应进行内部沟通会，交换意见，形成审计报告并提交管理组。报告应能客观反映问题，给出合理改进建议，提示风险等级，见表 8－14。

表 8－14　风险汇总表（模板）

序号	风险等级	业务领域	问题描述	具体情况	建议措施	备注
1	重大	组织——岗位职责	××	××	××	共性问题
2	一般	需求——订单评审				
3	轻微	生产——生产计划				
	…					

被审计部门在审计结束后，制定整改计划。根据问题紧急程度，可以按短期、中期、长期的原则，分阶段制定解决措施，见表 8－15。

表 8－15　措施汇总表（模板）

序号	风险等级	业务领域	问题描述	整改方案	预期完成时间	预期成效	备注
1	重大	组织——岗位职责	岗位职责设置不合理				

8.4.3　实践案例

（1）审计组织架构

1）审计管理组：企业高层领导担任组长，管理部门领导担任成员，负责进行审计相关活动最终决策。

2）审计专项组：根据每期审计的具体情况成立，一般由管理部门提名，负责开展具体审计工作。

3）迎审组：根据每期审计的具体情况成立，一般由被审计部门领导，及供应链相关人员组成，负责准备迎审数据以及问题解答。

（2）审计范围

审计范围包含了与供应链业务有关的产品研制中心、生产车间、管理部门，以及其他相关部门。

（3）审计基线

审计基线包含供应链管理的业务流程和操作流程。

1）业务流程图：展示某个业务的逻辑关系，重点体现流程的输入、输出、业务逻辑、接口关系等，如图 8－4 所示。

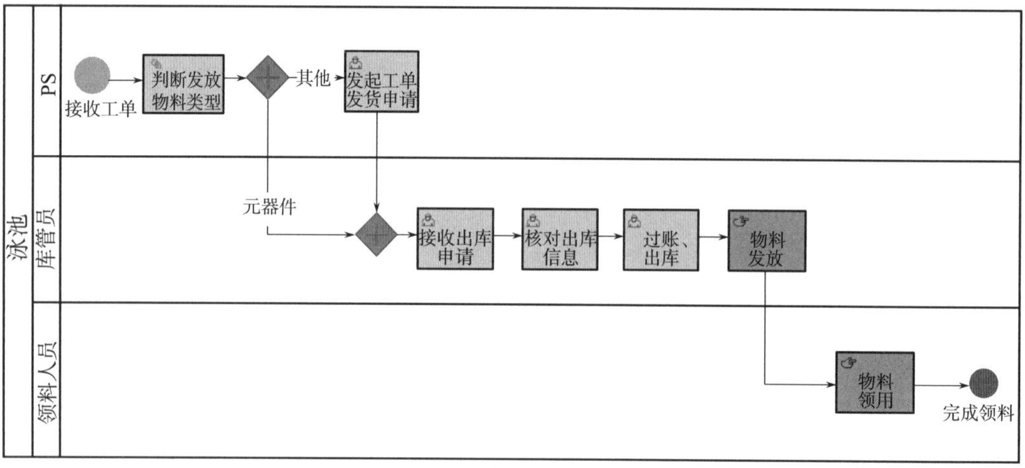

图 8－4　工单发货流程图

2）操作流程图：展示某个流程的详细执行过程，重点体现流程的岗位角色、系统、操作步骤等，如图 8－5 所示。

（4）审计内容

1）组织管理：组织架构、岗位职责、培训学习。

2）需求管理：订单评审、组批策略。

3）设计管理：BOM 配置、设计变更、主数据、新品计划。

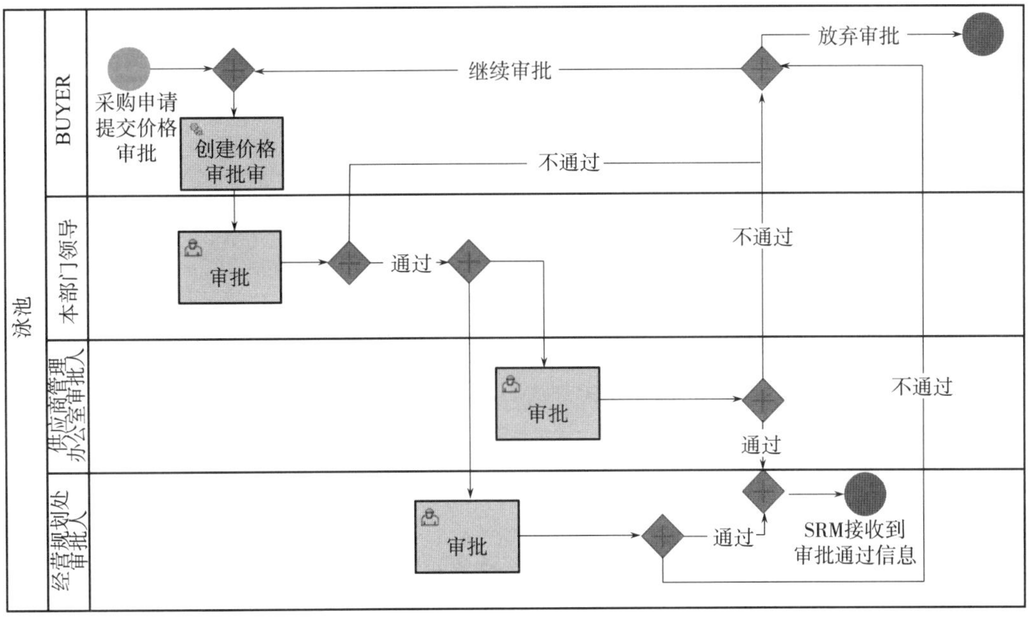

图 8－5　外协采购价格审批流程图

4）采购管理：供应商管理、采购计划、合同商务。

5）生产管理：产能计划、生产计划、收发货。

6）库存管理：出入库、呆滞库、盘库。

7）风险管理：订单风险、生产风险、采购风险。

8）现场管理：生产测试间、库房、线边库。

参 考 文 献

［1］ 沃尔曼，等．制造计划与控制：基于供应链环境［M］. 5 版．韩玉启，译．北京：中国人民大学出版社，2008.

［2］ 乐立骏．SAP 后勤模块实施攻略：SAP 在生产、采购、销售、物流中的应用［M］. 北京：机械工业出版社，2013.

［3］ 供应链管理专业协会（CSCMP），等．供应链库存管理：库存控制、流转与绩效评估［M］. 北京：人民邮电出版社，2020.

［4］ 小林俊一．精益制造 009：库存管理［M］. 张舒鹏，译．北京：东方出版社，2012.

［5］ 王远炼．库存管理精益实战手册［M］. 北京：人民邮电出版社，2015.

［6］ 许栩．库存控制实战手册［M］. 北京：人民邮电出版社，2021.

［7］ 程晓华．制造业库存控制技巧［M］. 4 版．北京：中国财富出版社，2016.

［8］ 刘彦平．仓储和配送管理［M］. 北京：电子工业出版社，2021.

［9］ 戴定一．仓储管理与 WMS［J］. 物流技术与应用，2005（2）：59－61.

［10］ 袁瑞萍．基于物流 AGV 的“货到人”订单拣选系统任务调度研究［J］. 运筹与管理，2018，27（10）：133－138.

［11］ 王刚．RFID 在物流中的应用［J］. 管理现代化，2006（4）：4－6.

［12］ 李建新．AGV 技术应用分析［J］. 工艺装备，2018（8）：104－106.